WILFRED MAIRGÜNTHER

REICHS KRISTALL NACHT

WILFRED MAIRGÜNTHER

REICHS KRISTALL NACHT

NEUER MALIK VERLAG

CIP-Kurztitelaufnahme der Deutschen Bibliothek

Mairgünther, Wilfred:
Reichskristallnacht: Hitlers „Kriegserklärung"
an d. Juden/Wilfred Mairgünther. -
Kiel: Neuer Malik-Verlag, 1987.
ISBN 3-89029-027-2

Satz: Utesch Satztechnik GmbH, Hamburg
Gesetzt aus der Candida
Druck: Plambeck & Co, Neuss
Printed in Germany
ISBN: 3-89029-027-2

Inhalt

Abkürzungen

AA	Auswärtiges Amt
BdO	Befehlshaber der Ordnungspolizei
BNSDJ	Bund Nationalsozialistischer Deutscher Juristen
CSSD	Chef der Sicherheitspolizei und des SD
DAF	Deutsche Arbeitsfront
DNB	Deutsches Nachrichtenbüro
Gestapo	Geheime Staatspolizei
Gestapa	Geheimes Staatspolizeiamt
HA	Hauptamt
HJ	Hitlerjugend
HSSPF	Höherer SS- und Polizeiführer
IdO	Inspekteur der Ordnungspolizei
IMT	Internationales Militärtribunal
KL	Konzentrationslager
MdL	Mitglied des Landtages
MdprL	Mitglied des Preußischen Landtages
MdR	Mitglied des Reichstages
NSBO	Nationalsozialistische Betriebszellen-organisation
NSDAP	Nationalsozialistische Deutsche Arbeiter-partei
NSKK	Nationalsozialistisches Kraftfahrerkorps
NSLB	Nationalsozialistischer Lehrerbund
OKW	Oberkommando der Wehrmacht
Orpo	Ordnungspolizei
OSAF	Oberster SA-Führer
PdW	Parole der Woche

PO	Politische Organisation der NSDAP
Promi	Propagandaministerium
RFSS	Reichsführer SS
RGBl	Reichsgesetzblatt
RKPA	Reichskriminalpolizeiamt
RLM	Reichsluftfahrtministerium
RMdI	Reichsminister des Innern
RStGB	Reichsstrafgesetzbuch
RWM	Reichswirtschaftsministerium
RWR	Reichswirtschaftsrat
SA	Sturmabteilung der NSDAP
Schupo	Schutzpolizei
SD	Sicherheitsdienst Reichsführer SS
Sipo	Sicherheitspolizei
Sopade	Sozialdemokratische Partei Deutschlands
SS	Schutzstaffel der NSDAP
Stapo	Staatspolizei
TV	Totenkopfverbände
VB	Völkischer Beobachter
VJP	Vierjahresplan
VT	Verfügungstruppen

Vorwort

„Nein, wir wollen das deutsche Volk nicht verhöhnen: sein Herz hat sich ganz gewiß in Scham und Ekel zusammengezogen beim Anblick der ‚Lösung', die das absolut regierende Pack der Judenfrage zuteil werden ließ; der himmelschreienden Entrechtung und ausgeklügelten Erniedrigung dieser Mitmenschen; bei dem Pogrom, der, unter läppischem Vorwand von den Volksverderbern ins Werk gesetzt, die Anarchie anschaulich machte, sie auf die trümmerbedeckten Straßen trug und die deutschen Städte in den Rauch der brennenden Synagogen hüllte."

Von der Reichskristallnacht ist hier die Rede, vom größten Pogrom auf Deutschlands Boden, der in der Nacht vom 9. zum 10. November 1938 stattfand.

Das Zitat stammt aus Thomas Manns Essay „Dieser Krieg",[1] den er im Herbst 1939 geschrieben hat und der thematisch an sein Manifest „Dieser Friede" anschließt, in dem er ein Jahr zuvor das traumatische Erlebnis der deutschen Emigration beschrieben hatte, das „qualvoll langsame Gewahrwerden der Tatsache", daß Europa „den mehrfach in so greifbare Nähe gerückten Sturz der NS-Diktatur *gar nicht wollte.*"[2]

Hatte Thomas Mann im Herbst 1938 noch die Gefährlichkeit und Sinnlosigkeit der europäischen Beschwichtigungspolitik, des englischen Appeasement gegeißelt, so deckt er jetzt, unmittelbar nach Kriegsbeginn, ebenso leidenschaftlich die grundsätzliche *Unfriedlichkeit* des Nationalsozialismus, die kriegerische, unversöhnliche Weltanschauung dieses „Regiments" auf: „Es konnte zu nichts anderem führen als zum Kriege – nie hat es einen Zweifel darüber gegeben ... Gewalt im Innern und Friede nach außen, das gibt es nicht. Der Weg eines Landes, in dem es zugeht wie in Deutschland seit sechseinhalb Jahren ..., führt unweigerlich in den Krieg."

Es ist eine bemerkenswerte und schlüssige Koinzidenz, daß Adolf Hitler genau an jenem Tag, als Thomas Mann seinen Essay in Princeton niederschrieb, am 23. November 1939, seinen Oberbefehlshabern erklärte: „Man wird mir vorwerfen: Kampf und wieder Kampf. Ich sehe im Kampf das Schicksal aller Wesen. Niemand kann dem Kampf entgehen, falls er nicht untergehen will ..."[3]

Wenn es richtig ist, daß der Krieg das Lebenselement des Nationalsozialismus ist, daß er im Kriege gleichsam zu sich selber kam, dann war und ist es zwangsläufig so, daß auch der Antisemitismus zunehmend unfriedlich werden, d.h. die Formen eines Krieges annehmen mußte, und im Herbst 1938 schien dieser Zeitpunkt gekommen zu sein.

Thomas Mann stellt in der Tat die Reichskristallnacht in einen direkten Zusammenhang mit dem kommenden, 1938 unmittelbar bevorstehenden Krieg; doch bevor wir das Eingangszitat fortschreiben, müssen wir zur Kenntnis nehmen, was die Reichskristallnacht ihrer Erscheinungsform nach war: eine blindwütige Welle von Zerstörung und Vernichtung, eine nicht enden wollende Flut von Verbrechen und Vergehen, begangen von einer Organisation, die wir heute allein wegen des Pogroms als kriminelle, besser, als terroristische Vereinigung bezeichnen müßten: der NSDAP und ihren Untergliederungen, angeführt und dirigiert von ihrem Führer Adolf Hitler.

Wer am Morgen des 10. November 1938 durch Deutschlands Straßen ging, der mußte glauben, daß über Nacht ein Feuersturm durch das Reich gerast war, daß ein Geisterheer, eine Plünderungsarmee sich über alles, was dem Anschein nach jüdisch war, hergemacht hatte: Die Straßen übersät mit dem Glas zerbrochener Fensterscheiben, gähnende Leere in den Geschäften, ausgeplünderte Warenhäuser, brennende Synagogen, Heimsuchung und Verschleppung von Juden.

Heute wissen wir es genauer. Die Reichskristallnacht in Zahlen sieht so aus:

Sachschäden: mehrere hundert Millionen Mark. Mindestens 7500 Geschäfte zerstört, allein Fensterglasschäden für 6 Millionen Mark (die halbe Jahresproduktion der belgischen Glasindustrie).

Zerstört: mindestens 267 Synagogen.

Verhaftet: 9845 Juden ins KZ Buchenwald; 10.911 nach Dachau; etwa 10.000 nach Sachsenhausen.

Ermordet: mindestens 91 Bürger.

Verletzte und Selbstmorde: unbekannt.[4]

War dies schon Krieg gegen die Juden oder war dies noch einmal eine jener emotionalen Entladungen, wie sie die Juden durch die Jahrhunderte hindurch in vielen Ländern dieser Erde mit fluchwürdiger Regelmäßigkeit auf sich gezogen haben?

Pogrom – dieses Wort kommt aus dem Russischen und bedeutet „Unwetter", „Verwüstung" (grom = Donner, gromit = zerstören). Seit der russischen Revolution (1904 – 1906) steht das Wort für Ausschreitungen gegen nationale, rassische oder religiöse Minderheiten, keineswegs ausschließlich, wenn auch in erster Linie, gegen *Juden*.

Im Wort Pogrom ist das Wesenselement dieser Ausschreitungen auf den Begriff gebracht, nämlich ein blitzartiger Gewaltexzess mit verheerenden Folgen zu sein. Insoweit ist die Reichskristallnacht ein typischer Pogrom, und insoweit reicht sie tief in die Vergangenheit zurück.

Es ist ja leider so, daß die Nationalsozialisten keine ihrer antijüdischen „Maßnahmen" zu erfinden brauchten, daß sie alles, was den Pogrom ausmacht, was ihm vorausging und ihm folgte, in der Geschichte vorgezeichnet fanden – vom Eheverbot zwischen Juden und Christen bis zum Ghetto, von der Bücherverbrennung bis zur Enteignung, von der Kennzeichnung bis zum Synagogenbrand, von der Entrechtung bis zur Abschlachtung.

Es ist ebenso aufschlußreich wie beklemmend, über viele Seiten hinweg jene Textstellen zu lesen, in denen Raul Hilberg in seiner Gesamtgeschichte des Holocaust die antijüdischen Maßnahmen der Zeit vor 1933 mit denen des Nationalsozialismus verglichen hat, d.h. wegen augenscheinlicher Parallelität vergleichen konnte.[5]

Zwei Sachverhalte, für unser Thema von Bedeutung, bleiben im Gedächtnis haften. Auf dem Vierten Lateranischen Konzil in Rom (1215) wurde den Juden auferlegt, ein Unterscheidungszeichen, das sogenannte Judenzeichen an ihrer Kleidung zu tragen. Vorbild hierfür war ein Erlaß des Kalifen Omar (634 – 644), wonach Christen blaue und Juden *gelbe* Gürtel zu tragen hatten.

Wer würde sich hierbei nicht unvermittelt an jenen gelben Judenstern erinnert fühlen, dessen Einführung Heydrich auf der noch zu erörternden „Ministerkonferenz" vom 12. November 1938 empfohlen hatte, als Möglichkeit, „die viele andere Dinge erleichtert".

Was die nicht enden wollende Serie von blindwütigen Zerstörungen und Inbrandsetzungen angeht, so scheinen die Nationalsozialisten aus der Geschichte allerdings wenig gelernt zu haben. Schon im Jahre 1406 hatten staatliche Stellen versucht, aus Gewalttätigkeiten des Mobs im Wiener Judenviertel Vorteile zu ziehen. Doch waren es die Christen, die bei diesem Pogrom die größeren Verluste erlitten, weil das jüdische Pfandhaus, das ein Opfer des großen Ghettobrandes wurde, naturgemäß die Habseligkeiten eben jener Leute enthielt, die in den Straßen randalierten.

Dieser trübseligen Erkenntnis dürfte das Erwachen mancher Nazigröße am Morgen des 10. November 1938 entsprochen haben, als sich herausstellte, daß die Juden die (inzwischen zerstörten und geplünderten) Geschäfte überwiegend von Ariern gemietet hatten und/oder daß sie bei deutschen Versicherungen gegen Glasbruch, Brand, Diebstahl usw. versichert waren, so daß der Schaden zunächst (und fast ausschließlich) auf den Arier bzw. auf die deutsche Versicherungsgemeinschaft niedergekommen war, wie der Vertreter der deutschen Versicherer in der Ministerkonferenz vom 12. November 1938 betrübt feststellen mußte.

Wenn die Reichskristallnacht ihrer Erscheinungsform nach unzweifelhaft ein Rückfall in die Barbarei, ins Mittelalter war, so müssen wir doch fragen, warum das NS-Regime gerade im Herbst 1938 in der Judenfrage zu terroristischen Methoden, zu Mitteln des Krieges, d.h. der Zerstörung und Vernichtung überging, ob sich nicht gerade in der Anarchie dieses Vorgangs etwas radikal Neues, eine Revolutionierung in der Behandlung der Judenfrage ankündigte.

Die Zeitgenossen haben in der Tat das Besondere, das Neuartige der Reichskristallnacht gespürt. Die angloamerikanische Presse hat die Ereignisse durchweg mit der russischen Revolution verglichen.[6] Selbst Gauleiter bzw. deren Stellvertreter haben erklärt, daß durch den Pogrom eine Revolutionierung der Judenfrage eingetreten sei, die alle bisherigen zur Arisierung erlassenen Gesetze und Richtlinien illusorisch gemacht habe.[7]

Reichswirtschaftsminister Funk ist noch einen Schritt weiter gegangen und hat vor dem Nürnberger Tribunal erklärt, daß von der Reichskristallnacht aus das Verhängnis Deutschlands seinen Weg genommen habe.[8]

Wenn wir den tieferen Sinn der Reichskristallnacht erfassen wollen, müssen wir die Ebene der Erscheinungsform unbedingt verlassen und zum verborgenen Hintergrund der Ereignisse vorzudringen versuchen, d.h. wir müssen den Pogrom sowohl zur politischen Lage des Jahres 1938 als auch zur Judenpolitik des Dritten Reiches überhaupt in direkte Beziehung setzen.

Wenn wir Deutschland im Herbst 1938 näher in Augenschein nehmen, Hitlers antisemitisches Programm und dessen Durchsetzung in den Verfolgungswellen der Jahre 1933, 1935 und 1938 offenlegen, dann wird uns die programmatische Zusammenschaltung zwischen Krieg und Lösung der Judenfrage deutlich werden, die im Herbst 1938 in die Stufe ihrer geschichtlichen Verwirklichung trat.

Wenn wir alsdann, äußerst genau, jene Aktionswoche in Augenschein nehmen, die am 7. November 1938 mit dem Attentat des polnischen Juden Herschel Grünspan begann und mit den antijüdischen Verordnungen endete, die am 14. November 1938 im Reichsgesetzblatt veröffentlicht wurden, wenn wir schließlich die Bilanz dieses vielschichtigen Vorganges ziehen, dann wird uns die außerordentliche *Signifikanz* der Reichskristallnacht deutlich werden.

Der Übergang von der politisch-ideologischen Form des Antisemitismus, die sich in den Stufen der Ächtung, Entrechtung und Ausgrenzung vollzogen hatte, zur biologisch-terroristischen Form der Judenverfolgung, die sich in den entmenschlichten Stufen der Einsperrung,

Kennzeichnung und Vernichtung bis zur Endlösung steigern sollte, das war, so werden wir erkennen, Hitlers „Kriegserklärung" an die Juden.

Dies mochte im Herbst 1938, nachdem der Weltkrieg gerade noch einmal verhindert werden konnte und in der Behandlung der Judenfrage eine gesetzlich verordnete „Beruhigung" eintrat, nicht jedermann, nicht einmal den Juden in Deutschland, einsichtig sein. Umso mehr ist der Scharfblick Thomas Manns zu würdigen, der das Eingangszitat in Bezug auf die Reichskristallnacht wie folgt fortgeschrieben hat: „Ist es möglich, daß irgendein vollsinniger Deutscher, der *das* gesehen, auch nur eine Stunde geglaubt hat, diese Regierung habe ‚den Frieden gewollt', der Krieg sei ihr und dem Volk von böswilligen Feinden aufgezwungen worden? Hat es einen Sinn, die Augen vor der Wahrheit zu verschließen, die selbst durch geschlossene Lider beißt: daß in solchen Taten und Bildern, in allem, aber auch allem, was in Deutschland seit dem Machtantritt dieser Minderwertigen vor sich ging, der Krieg schon *enthalten* war?"

Deutschland im Herbst 1938

Im Oktober 1938 steht Adolf Hitler auf einem Höhepunkt seiner Macht und Popularität. Mit dem „Anschluß" Österreichs und der Abtretung der sudetendeutschen Gebiete hat er „Großdeutschland" geschaffen, ist er der „Führer des großdeutschen Reiches" geworden. Hitler hat erreicht, wovon die Mehrheit der Deutschen seit 1919 träumte: die nahezu vollständige Revision des Versailler Vertrages. Konnte ein Politiker, ohne Krieg, mehr erreichen?

„Wenn Adolf Hitler Ende 1938 einem Attentat zum Opfer gefallen wäre, würden nur wenige zögern, ihn einen der größten Staatsmänner der Deutschen, vielleicht den Vollender ihrer Geschichte zu nennen." (Joachim Fest)[1]

Ja, aber nur unter *dieser* Bedingung! Wenn Adolf Hitler Ende 1938 keine Möglichkeit gehabt hätte, sein „Programm" zu realisieren, dann wäre den meisten Menschen verborgen geblieben, was wir heute um den Preis eines Weltkrieges, nahezu eines Weltuntergangs wissen: daß Hitler bis dahin alle Welt über seine wahren Absichten getäuscht, daß er die Revision des Versailler Vertrages nur zum Schein gefordert hatte, daß er sie auch mit Gewalt durchgesetzt hätte, daß sie überhaupt nur die erste Stufe seines Eroberungsprogramms war, einer territorialen Raub- und Vernichtungspolitik, die unweigerlich in den Krieg führen mußte.

Hitlers in den „Friedensjahren" erzielten Erfolge, Leistungen, Triumphe – wie immer man will – sind angesichts des von ihm vorausgeplanten Krieges, in dem er alles aufs Spiel setzen würde, eigentümlich irreal, auflösend bedingt und überhaupt nur auf dem Boden seiner grandiosen *Täuschungspolitik* entstanden, zu der er sich im vertrauten Kreise wiederholt bekannt hat.

Hitler am 24. Oktober 1934 in Augsburg: „Meinetwegen Friedensgerede – aber nur solange es im deutschen Interesse liegt."[2]

Hitler am 29. April 1937 vor Kreisleitern auf der Ordensburg Vogelsang: „Es gibt Dinge, die wissen wir alle, über diese Dinge brauchen wir daher nie zu reden... Wir wissen ganz genau: Wir bauen unsere Armee auf, um uns den Frieden zu erhalten. Und wir machen den Vierjahresplan, um, sagen wir, wirtschaftlich bestehen zu können. Es wird nur *so* darüber gesprochen... Andere Gedanken werden niemals laut."[3]

Hitler am 10. November 1938 vor ausgesuchten Journalisten und Verlegern in München: „Die Umstände haben mich gezwungen, jahrzehntelang fast, nur vom Frieden zu reden. Nur unter der fortgesetzten Betonung des deutschen Friedenswillens und der Friedensabsichten war es mir möglich, dem deutschen Volk ... die Rüstung zu geben, die immer wieder für den nächsten Schritt als Voraussetzung notwendig war!... Irgendwie glaube ich, hat sich diese Platte, die pazifistische Platte, bei uns abgespielt!"[4]

Erst am Tage des Kriegsausbruchs, am 1. September 1939, wird Hitler öffentlich verkünden: „Über sechs Jahre habe ich nun am Aufbau der deutschen Wehrmacht gearbeitet. In dieser Zeit sind über 90 Milliarden für den Aufbau unserer Wehrmacht aufgewendet worden."[5]

Und wenig später wird er seinen Oberbefehlshabern versichern: „Ich habe lange gezweifelt, ob ich erst im Osten und dann im Westen losschlagen sollte. Grundsätzlich habe ich die Wehrmacht nicht aufgestellt, um nicht zu schlagen. *Der Entschluß zum Schlagen war immer in mir!*"[6]

Keine Frage also: Während die europäischen Großmächte Hitler bis zum Herbst 1938 so weit wie nur irgend möglich entgegengekommen sind, weil sie seinen Friedensbeteuerungen glaubten (oder glauben wollten), befand sich Hitler längst und immer schon auf „Kriegskurs" (Hildebrand).

Krieg *oder* Frieden – diese Alternative hat es für Hitler in Wahrheit nie gegeben. Auch die Vorkriegsjahre waren für ihn Jahre der Kriegsvorbereitung.

Blenden wir kurz zurück, um die komplexe Situation vom Herbst 1938, die historische Umschaltung von Frieden zu Krieg, von „Triumph" zu „Untergang" (Domarus) besser in den Griff zu bekommen, denn genau im Schnittpunkt von auf- und absteigender Linie werden wir die Reichskristallnacht wiederfinden.

Schon am 3. Februar 1933, drei Tage nach der Machtübernahme, legt Hitler der Reichswehrgeneralität seine Pläne zum Aufbau der Wehrmacht und der Wiedereinführung der Wehrpflicht offen. Das Ziel: Wiedergewinnung der politischen Macht. Wozu? Vielleicht: Erkämpfung neuer Exportmöglichkeiten. Besser noch: *Eroberung neuen Lebensraumes im Osten und dessen „rücksichtslose Germanisierung."* Die gefährlichste Zeit, so Hitler, sei die des Aufbaus der Wehrmacht. Da werde sich zeigen, ob Frankreich Staatsmänner habe! Wenn ja, werde es den Deutschen nicht Zeit lassen, sondern über sie herfallen![7]

Am 17. Mai 1933 proklamiert Hitler vor dem Reichstag den unbedingten Friedenswillen der deutschen Regierung – allerdings nicht *ganz* unbedingt: Es sei der tiefernste Wunsch der nationalen Regierung, eine kriegerische Entwicklung in Europa durch ihre aufrichtige und tätige Mitarbeit zu verhindern. *Aber*: Die eigentliche Unruhe gehe von den Mängeln des Versailler Vertrages aus. Man habe nach dem großen Krieg versäumt, in Europa eine territoriale Neuordnung (Revision!) vorzunehmen, d.h. Volksgrenzen und Staatsgrenzen zur Deckung zu bringen. Man habe Deutschland ausbluten lassen und wehrlos gemacht. Man habe ein großes Volk zu einer Nation zweiten Ranges und zweiter Klasse disqualifiziert. Deutschland habe, in Erfüllung des Versailler Vertrages, vollständig abgerüstet, verlange nun aber, im Sinne der Gleichberechtigung, die Abrüstung aller anderen Nationen. Deutschland würde alles tun – weitere Sicherheitsverpflichtungen, vollständige Entmilitarisierung, Verzicht auf Angriffswaffen, Rüstungskontrolle, jegliches Waffenverbot – wenn nur die anderen Nationen restlos das gleiche tun würden! Deutschland habe nur den einzigen Wunsch, seine Unabhängigkeit zu bewahren und seine Grenzen zu schützen! Die einzige Nation, die eine Invasion fürchten könnte, sei die deutsche. Als „dauernd disqualifiziertes" Volk müßte Deutschland sich aus der Abrüstungskonferenz entfernen und würde auch dem Völkerbund nicht länger angehören können.[8]

Diese Rede, als einzige ausführlicher zitiert, enthält das Grundmuster von Hitlers taktischen Rechtfertigungsreden: Die nächsten politisch-militärischen Schritte werden in vorsichtiger Form aufbereitet, d.h. der „Verzicht" auf sie wird an unmögliche Bedingungen geknüpft, so daß die längst durchgeplanten Maßnahmen später als unvermeidliche *Antwort* auf vergebliche Friedens- und Ausgleichsbemühungen erscheinen!

Es kommt, wie es kommen muß. Am 14. Oktober 1933 wird amtlich bekanntgegeben: „Angesichts der demütigenden und entehrenden Zumutungen der anderen

Mächte auf der Genfer Abrüstungskonferenz hat die Reichsregierung heute beschlossen, an den Verhandlungen der Abrüstungskonferenz nicht mehr teilzunehmen. Gleichzeitig wird die Reichsregierung den Austritt des Deutschen Reiches aus dem Völkerbund anmelden ..."[9]

Diese schwerwiegende Aufkündigung internationaler Vertragsbeziehungen wird von dramatischen Aufrufen Hitlers und der Reichsregierung „an das Deutsche Volk" begleitet, die, wie könnte es anders sein, ein umfassendes Bekenntnis zum Frieden, zur Verständigung und zur Gewaltlosigkeit enthalten.

Hitler ist sich seiner Sache allerdings nicht sicher und äußert auf einer Führertagung die Befürchtung, daß Frankreich, wenn es inzwischen nicht schwach geworden wäre, das Vorgehen Deutschlands kaum dulden könne. Die Partei dürfe keine weitere Handhabe für ein militärisches Eingreifen liefern! Für die entmilitarisierte Zone des Rheinlandes erläßt Hitler sogar ein Uniformverbot. Hitler: „Wenn ich Propagandaminister von Frankreich wäre – armes Deutschland!"[10]

Die Befürchtungen Hitlers sind leider völlig unbegründet. Weder Frankreich noch England sehen irgend eine Veranlassung, Deutschlands Austritt aus dem Völkerbund zum Gegenstand einer militärischen Intervention zu machen. Dies ist nicht Schwäche, wie Hitler anzunehmen scheint, sondern vernünftige Außenpolitik. Domarus meint, daß Hitlers „Untergang" eigentlich mit seiner Friedensrede vom 14. Oktober 1933 und den daraus gezogenen Fehlschlüssen begonnen habe.

Noch im Oktober 1939, als der Krieg schon begonnen war, hat Hitler seinen Oberbefehlshabern erklärt: „...Als ich 1933 zur Macht kam, lag eine Periode des schwersten Kampfes hinter mir. Alles, was vorher da war, hatte abgewirtschaftet. Ich mußte alles neu reorganisieren, angefangen vom Volkskörper bis zur Wehrmacht. Erst innere Reorganisation, Beseitigung der Erscheinungen des Zerfalls und des defaitistischen Geistes, Erziehung zum Heroismus. Im Zuge der inneren Reorganisation nahm ich mir die zweite Aufgabe vor: Lösung Deutschlands aus den internationalen Bindungen. Zwei besondere Merkmale sind hierbei hervorzuheben: Austritt aus dem Völkerbund und Absage an die Abrüstungs-Konferenz. Es war ein schwerer Entschluß. Die Zahl der Propheten, die erklärten, er werde zur Besetzung des Rheinlandes führen, war sehr groß, die Zahl der Gläubigen war sehr gering. Ich führte meine Absicht durch, gedeckt durch die Nation, die geschlossen hinter mir stand. Danach Befehl zur Aufrüstung ..."[11]

Als Hitler am 1. August 1934 die Funktionen des sterbenden Reichspräsidenten übernimmt und nun offiziell als „Führer und Reichskanzler" figuriert, läßt er die Soldaten der Wehrmacht stehenden Fußes auf seine *Person* vereidigen.

Die Eidesformel lautet von nun an: „Ich schwöre bei Gott diesen heiligen Eid, daß ich dem *Führer* des deutschen Reiches und Volkes, Adolf Hitler, dem Oberbefehlshaber der Wehrmacht, unbedingten Gehorsam leisten und als tapferer Soldat bereit sein will, jederzeit für diesen Eid mein Leben einzusetzen."[12]

Dies ist der *Treueeid*, der die Wehrmacht, wie Kriegsminister von Blomberg betont, „auf Leben und Tod" an Adolf Hitler bindet und der es Hitlers Offizieren später so außerordentlich schwer machen wird, die Schwelle zum Widerstand zu überschreiten.

Ein halbes Jahr später, im März 1935, wird die allgemeine Wehrpflicht eingeführt, und im „Deutschen Wehrgesetz" vom 21. Mai 1935 ist zum ersten Mal vom *Krieg* die Rede: „Im Krieg ist über die Wehrpflicht hinaus jeder deutsche Mann und jede deutsche Frau zur Dienstleistung für das Vaterland verpflichtet."[13]

Am gleichen Tag verkündet Hitler ein neues *Friedensprogramm* in 13 Punkten: „Deutschland braucht den Frieden und es will den Frieden."[14]

Anfang 1936 folgt ein neuer Testfall und Schritt zum Kriege: Am 7. März 1936 kündigt Hitler den sogenannten Locarno-Pakt (Rheinpakt von Locarno) auf und stellt die „Souveränität des Reiches in der entmilitarisierten Zone des Rheinlandes" wieder her; das heißt: er läßt das Rheinland durch Truppen der Wehrmacht besetzen.

Am gleichen Tage unterbreitet Hitler in einem Memorandum seine Vorschläge – diesmal sind es sieben – zur europäischen Friedenssicherung: „Wir haben in Deutschland keine territorialen Forderungen zu stellen."[15]

Die Besetzung des Rheinlandes ist, als Bruch des Versailler Vertrages *und* des Locarno-Paktes, für Frankreich eine schwere Provokation, im Grunde ein „casus belli". Aber Frankreich ist auf einen Krieg nicht vorbereitet und will kein isoliertes Vorgehen. England hat bereits zu verstehen gegeben, daß es eine militärische Intervention Frankreichs nicht unterstützen werde.[16] Hitler triumphiert: „England hat mir eine Protestnote geschickt; eine Kriegserklärung hätte ich verstanden, auf einen Protest gebe ich gar keine Antwort."[16a]

Später, im Kriege, wird er erklären, daß die 48 Stunden nach dem Einmarsch in das Rheinland die aufregendste Zeitspanne in seinem Leben gewesen sei: „Wären die Franzosen damals ins Rheinland eingerückt, hätten wir uns mit Schimpf und Schande wieder zurückziehen müssen!"[17]

Am 9. September 1936 verkündet Hitler auf dem „Parteitag der Ehre" einen neuen Vierjahresplan zum Aufbau der deutschen Rohstoffindustrie. In seiner geheimen Denkschrift zum Vierjahresplan stellt Hitler („mein Ziel ist der Friede") folgende Aufgabe:

I. Die deutsche Armee muß in vier Jahren *einsatzfähig* sein.

II. Die deutsche Wirtschaft muß in vier Jahren *kriegsfähig* sein.[18]

Doch schon im nächsten Jahr, 1937, vollzieht Hitler die entscheidende Hinwendung zum Krieg. Seine Deklamationen werden deutlicher, aggressiver. Das hat auch persönliche Gründe: Hitler ist überzeugt, herzkrank zu sein und „nach menschlichem Ermessen" nicht mehr lange zu leben.[19] Er drängt jetzt zur Eile.

Am 20. Oktober 1937 bezeichnet Hitler gegenüber dem Aga Khan als nächstes Ziel Deutschlands: Die Regelung des Verhältnisses zu Österreich und die Lösung der Sudetenfrage, des Danzig-Problems und des Korridors: „England soll uns freie Hand auf dem Kontinent lassen und wir werden uns in seine überseeischen Angelegenheiten nicht einmischen!"[20]

Seinen Propagandaleitern erklärt Hitler am 31. Oktober 1937: Die dringendsten Probleme (Lebensraum!) müßten möglichst bald gelöst werden. Nur er selbst könne dies tun. Spätere Generationen seien dazu nicht in der Lage.[21]

Noch deutlicher wird Hitler („möge der allmächtige Gott uns den Frieden schenken") auf der Geheimkonferenz vom 5. November 1937 gegenüber Kriegsminister von Blomberg, den Oberbefehlshabern von Fritsch, Raeder und Göring und dem Reichsaußenminister v. Neurath: Zur Lösung der deutschen (Raum-) Frage könne es nur den *Weg der Gewalt* geben. Er sei entschlossen, zunächst – *notfalls schon 1938* – Österreich und die Tschechei niederzuwerfen. (So das als „Hoßbach-Niederschrift" bekannt gewordene Protokoll dieser Zusammenkunft.)[22]

Das Unfaßbare geschieht: Nicht nur der übervorsichtige Außenminister meldet Bedenken an, auch der Kriegsminister und der Oberbefehlshaber des Heeres, Freiherr von Fritsch, sprechen sich gegen die Kriegsführung aus, da sie eine Intervention Englands und Frankreichs befürchten.

Gleichviel! Für Hitler gibt es kein Zurück! Am 21. November 1937 stellt er vor SA-Leuten noch einmal klar, daß er zur Gewaltlösung fest entschlossen ist: „Heute stehen uns neue Aufgaben bevor. *Denn der Lebensraum unseres Volkes ist zu eng!*"[23]

Das Jahr 1938 beginnt mit einer Serie von „Keulenschlägen" (Domarus). Am 4. Februar 1938 entläßt Hitler seine Kritiker, allen voran den Kriegsminister. Das Kriegsministerium wird aufgelöst. Die Funktion des Kriegsministers und damit den unmittelbaren Oberbefehl über die gesamte Wehrmacht übernimmt Hitler selbst. Das Wehrmachtsamt wird in ein Oberkommando der Wehrmacht (OKW) umgewandelt. An seine Spitze beruft Hitler den ihm ergebenen General Keitel („Lakeitel"). Einmal im Zuge, ordnet Hitler, je nach Regimetreue, Beförderungen, Umbesetzungen oder Entlassungen von Generälen an. Göring („mein bester Mann") wird Generalfeldmarschall. Am gleichen Tage wird auch der konservative Außenminister abgeschoben und durch den treuen Vasallen von Ribbentrop ersetzt („Ich werde im Schatten eines Titanen arbeiten.")[24] Gleichzeitig wird Sonderbotschafter von Papen ohne Vorankündigung aus Österreich abberufen. Die Botschafter in Rom (von Hassell) und Tokio (von Dirksen) werden ebenfalls zur Disposition gestellt.

Diese entscheidende Weichenstellung dient, wie Hitler erklärt, der Konzentration und Stärkung der politischen, militärischen und wirtschaftlichen Kräfte. Es ist nichts anderes als die Weichenstellung zum Krieg!

Anfang März (genau: am 4. März 1938) erklärt Hitler im vertrauten Kreise, vorrangig sei für ihn jetzt die Erledigung der Probleme Österreich und Tschechoslowakei. Er sei entschlossen, die Angelegenheit *so oder so* zu lösen.

Am 10. März 1938 befiehlt Hitler die erste Teilmobilmachung in Deutschland und erläßt eine Weisung für die bewaffnete Aktion gegen Österreich: „Ich beabsichtige, wenn andere Mittel nicht zum Ziele führen, mit bewaffneten Kräften in Österreich einzurücken ..."[25]

Der Einmarsch in Österreich, für den 12. März 1938 minutiös geplant, verwandelt sich aufgrund des hinter den Kulissen eingefädelten „Anschlusses" in einen triumphalen Freundschaftsbesuch. Wien erliegt dem Charme des Führers. Österreich wird über Nacht „ein Land des Deutschen Reiches".

Vorsichtshalber löst Hitler den Reichstag auf und bestimmt den 10. April 1938 zur Wahl der neuen Vertretung „Großdeutschlands".

Am 25. März 1938 erklärt Hitler in einer Wahlrede: „Ich ließ marschieren! Ich tat es ... um der Welt zu zeigen, daß es nun bitterer Ernst ist und mich nichts zurückhalten kann, diesen Schritt zu tun. Sie mußte nun wissen, daß die Zeit jeder weiteren Erpressung an Deutschland (?!) vorbei ist."[26]

Am 22. April 1938 gibt Hitler bereits politisch-militärische (und propagandistische) Anweisungen zum Fall „Grün" (Tschechoslowakei), die zeigen, mit welcher Kaltblütigkeit Hitler eine politische Aktion hinter den Kulissen aufbereitet.[27]

„A. Politisch

1. Strategischer Überfall aus heiterem Himmel ohne jeden Anlaß oder Rechtsfertigungsmöglichkeit wird abgelehnt ...

2. Handeln nach einer Zeit diplomatischer Auseinandersetzungen, die sich allmählich zuspitzen und zum Kriege führen.

3. Blitzartiges Handeln aufgrund eines Zwischenfalls (z.B. Ermordnung des dtsch. Gesandten im Anschluß an eine deutschfdl. Demonstration).

B. Militärische Folgerungen

1. Zu den politischen Möglichkeiten 2. und 3. sind die Vorbereitungen zu treffen. Fall 2. ist der unerwünschte, da ‚Grün' Sicherheitsmaßnahmen getroffen haben wird ..."

Am 1. Mai 1938 verkündet Hitler: „Ich kenne diese Parole: Nie wieder Krieg! Sie ist auch die meine! Dazu nämlich machte ich Deutschland stark und fest und stellte es auf seine eigenen Füße!"[28]

Vier Wochen später, am 28. Mai 1938, ordnet Hitler als oberster Befehlshaber der Wehrmacht folgendes an: „Es ist mein unabänderlicher Entschluß, die Tschechoslowakei in absehbarer Zeit durch eine militärische Aktion zu zerschlagen. Dementsprechend sind die Vorbereitungen unverzüglich zu treffen ..."[29] In der begleitenden geheimen Kommandosache des OKW heißt es, daß die Ausführung des Hitlerbefehls spätestens ab 1. Oktober 1938 sichergestellt sein müsse.[30]

Wie minutiös Hitler den Kriegsfall im Mai 1938 für Oktober 1938 vorausgeplant hat, ergibt sich aus seinen nachträglichen „Bekenntnissen" zu dieser Frage:

„Am 2. Oktober, morgens 8 Uhr, wären wir hier einmarschiert, so oder so. Das Reich war bereit zum letzten Einsatz." (Hitler am 26.10.38 in Znaim)[31]

„Ich gab am 28. Mai ... den Befehl zur Vorbereitung des militärischen Einschreitens gegen diesen Staat mit dem Termin des 2. Oktober." (Hitler am 30.1.39 vor dem Reichstag)[32]

„Glauben Sie mir, voriges Jahr – am 2. Oktober – wäre ich marschiert, so oder so." (Hitler zum britischen Botschafter Henderson am 23.8.39)[33]

Die militärischen Vorbereitungen werden von einer Pressekampagne begleitet, die das sudetendeutsche Problem in Richtung auf einen Zwischenfall (politische Lösung Nr. 3) aufbereiten und die antitschechische Stimmung vehement verschärfen soll.

Mit der Inszenierung dieses Nervenkrieges ist Goebbels beauftragt. In täglichen Anweisungen an die Presse legt er bis in die Einzelheiten Inhalt und Aufmachung der Meldungen fest.[34]

Für den 3. August 1938 lautet die Presseanweisung beispielsweise: „Die Überfliegung der Stadt Glatz durch drei tschechische Militärflugzeuge am hellen Tage muß als schwere Provokation in schärfster Form zurückgewiesen werden. Die Reichsregierung hat Bestrafung der Schuldigen gefordert. – Nachtrag: Auf höchste Anweisung soll die Glatzer Sache zwei Tage lang vierspaltig auf den ersten Seiten aller Zeitungen stehen und alle Leitartikel müssen sich damit befassen."

Am 9. August ergeht folgende Sprachregelung: „Zur Ermordung des sudetendeutschen Arbeiters Wenzel Paierle ... durch deutsche Sozialdemokraten: Die neue Bluttat muß mit besonderer Sorgfalt kommentiert werden. Es kommt darauf an, daß der Mord von einem Tschechen begangen worden ist! Nicht nur die Hintermänner, auch die Mörder sind für uns Tschechen." (!)

Im Propagandaministerium ist eine ganze Abteilung unter ihrem Leiter Berndt („Greuel-Berndt") damit beschäftigt, „Blut, Tod und Leid der Sudetendeutschen" in immer neuen Varianten zu beschwören und die „Opfer des tschechischen Terrors" nach Bedarf zu produzieren.

Nach dieser „traumhaften"[35] propagandistischen Vorbereitung nimmt Hitler auf dem Reichsparteitag in Nürnberg am 12. September 1938 eine Generalabrechnung mit der Tschechoslowakei vor. („Dieses Elend der Sudetendeutschen ist ein namenloses.")[36]

Zwei Tage später, am 14. September 1938, kommt es zu einer überraschenden Friedensinitiative. Der englische Premierminister Chamberlain (Hitler: „Ich fiel aus allen Wolken") ist bereit, sofort nach Deutschland zu kommen, um sich für eine friedliche Lösung der Sudetenfrage einzusetzen. Das Gespräch findet schon am nächsten Tag statt.[37] Hitler, der seine Aufmarschpläne durch die englische Intervention gestört sieht, gibt sich unversöhnlich und erklärt, daß er die Sudetenfrage in kürzester Zeit „so oder so" aus eigener Initiative lösen werde. Ein Kompromiß ist nicht in Sicht. Die militärischen Vorbereitungen gehen weiter.

Die Großmächte halten es nun für geraten, der tschechoslowakischen Regierung die Abtretung der sudetendeutschen Gebiete zu empfehlen. Die Tschechoslowakei, die mit militärischem Beistand offensichtlich nicht rechnen kann, nimmt die Vorschläge der Großmächte „mit Bitterkeit" an.[38]

Hitler setzt nach. Er verlangt jetzt die militärische Räumung der sudetendeutschen Gebiete innerhalb von 48 Stunden und sieht, nachdem in der Tschechoslowakei am 23. September 1938 eine Mobilmachungsorder ergangen ist, den Beginn des Feldzuges für den 1. Oktober 1938 vor.

In seiner berühmten Sportpalastrede vom 26. September 1938 („Wir wollen gar keine Tschechen") kündigt Hitler den Krieg als unmittelbar bevorstehend an: „Frieden oder Krieg! ... Wir sind entschlossen! Herr Benesch mag jetzt wählen!"[39]

Hitlers Droh- und Vabanque-Politik hat noch einmal

Erfolg. Die Siegermächte sind, um des lieben Friedens willen, aber auf Kosten der Tschechoslowakei, bereit, Hitlers „letzte territoriale Gebietsforderung" in Europa zu erfüllen.

Am 28. September 1938 argumentiert der französische Botschafter François-Poncet gegenüber Hitler so: „Wenn Sie dieses Land angreifen, stecken Sie damit ganz Europa in Brand. – Aber warum wollen Sie überhaupt dieses Risiko eingehen, wo Sie doch ohne Krieg die wesentlichsten Forderungen erfüllt erhalten können?"[40]

Das ist eines jener Friedensangebote, denen sich auch Hitler nicht enziehen kann. Am nächsten Tag wird unter Beteiligung Frankreichs und Italiens das *Münchener Abkommen* geschlossen, das das Schicksal der Tschechoslowakei besiegelt. Hitler und Mussolini, mehr noch Daladier, vor allem der Appeaser Chamberlain, werden als Friedensstifter („peace-maker") gefeiert.

Indessen: Dieser Friede ist zu teuer erkauft! Die demoralisierende Wirkung des Münchener Abkommens auf das „andere" Deutschland, auf die antifaschistische Front, die Emigration, die zum Widerstand bereiten Militärs, auf die Tschechoslowakei selbst kann man sich heute nicht mehr vorstellen.

Noch im Oktober 1938 hat Thomas Mann das Desaster in seinem Aufsatz „Dieser Friede" zum Gegenstand hellsichtiger Betrachtung und eindrucksvollen Protestes gemacht: „Die Geschichte des Verrates der europäischen Demokratie an der tschechoslowakischen Republik, der Darbringung dieses der Demokratie verbundenen und auf sie vertrauenden Staates an den Faschismus, um ihn zu retten, ihn dauernd zu befestigen und sich seiner als eines Landknechtes gegen Rußland und den Sozialismus zu bedienen, – diese

Geschichte gehört zu den schmutzigsten Stücken, die je gespielt worden sind."[41]

Und, zum vordergründig erfolgreichen, letztlich verhängnisvollen Nachgeben gegenüber Hitler gesprochen: „Unmöglich konnte es etwas anderes sein als Heuchelei, daß man sich die Miene gab, das weinerliche Geschrei von den 'sudetendeutschen Brüdern' ernst zu nehmen, da doch jedermann wußte, daß es sich nicht um diese Brüder, sondern um die Skoda-Werke, die tschechische Industrie, das rumänische Öl, das ungarische Korn, den wirtschaftlichen Durchbruch Deutschlands nach Osten, die Liquidierung der Tschechoslowakei als militärischer und diplomatischer Position, die Sprengung der Bündnisse Frankreichs und seine Isolierung handelte."

Diese klare Sicht scheinen im Herbst 1938 nur wenige gehabt zu haben.

Der „Dissenter" Churchill gehört dazu, der im Parlament unter Protestgeschrei verkündet, daß England mit dem Münchener Abkommen eine völlige, durch nichts gemilderte Niederlage erlitten habe: „Glauben Sie nicht, daß dies das Ende ist. Das ist erst der Beginn der Abrechnung..., der erste Vorgeschmack des bitteren Trankes, der uns Jahr für Jahr vorgesetzt wird."[42]

Das war und ist mehr als Prophetie! Während Chamberlain noch glaubt, den „Frieden für unsere Zeit" gerettet zu haben, hat Hitler bereits (am 21. Oktober 1938) seine Weisung zur „Erledigung der Rest-Tschechei" erlassen.[43]

Die Ironie der Geschichte will es, daß auch Hitler das Münchener Abkommen auf dem Hintergrund seiner Kriegsplanung als Niederlage, als von Chamberlain gestellte Falle empfunden hat. (Hitler zu Schacht: „Chamberlain, dieser Kerl, hat mir meinen Einzug in Prag verdorben.")[44] Noch im Februar 1945 hat Hitler bedauert, daß er den Krieg nicht 1938 beginnen konnte, da in München alle seine Forderungen akzeptiert worden seien. („Wir haben in München eine einmalige Gelegenheit verpaßt, den unvermeidlichen Krieg leicht und rasch zu gewinnen.“)[45]

Ein grandioser Irrtum! Die Militärfachleute scheinen sich jedenfalls einig zu sein, daß Hitler eine bewaffnete Auseinandersetzung im Herbst 1938 nur wenige Tage überstanden und spätestens an der „katastrophalen Finanzlage des Reiches“ (Göring) gescheitert wäre.

Noch einmal Thomas Mann: „Ohne Gewalt erhielt er alles, wofür Gewalt anzuwenden sein Untergang gewesen wäre.“[46]

Man kann es drehen und wenden wie man will. Die Westmächte haben, indem sie den Frieden gerettet haben, Hitler gerettet. Sie haben ihn international aufgewertet, haben ihm neuen Handlungsspielraum verschafft.

Hitler kann seine Energien und Aggressionen jetzt nach innen wenden und seinen Krieg dort – mit anderen Mitteln fortsetzen: Die eigentliche Antwort auf das Münchener Abkommen werden nicht die Engländer, sondern die Juden in Deutschland erhalten.

„. . .Soll man es für einen bloßen Zufall halten, daß die Verschärfung der antijüdischen Politik mit Hitlers Erfolg bei jener Münchener Konferenz zusammenfällt. . .?“ (Rita Thalmann).[47]

Natürlich nicht! „The pogrom is allmost unthinkable without the Munich agreement“ (Lionel Kochan).[48]

Um das Maß der 1938er Paradoxien vollzumachen, erhält Hitler von den Westmächten auch hierzu einen weiteren Freibrief. Im Juli 1938 hatte eine internationale Konferenz in Evian ein Flüchtlingskomitee ins Leben gerufen, das Möglichkeiten zur Auswanderung und Aufnahme verfolgter Juden „erkunden“ sollte. Zu mehr hatten sich die 32 teilnehmenden Staaten nicht verstehen können, so daß sich in Deutschland der Eindruck verstärkt hatte, daß niemand an dem Schicksal der Juden sonderlich interessiert und zu wirklicher Hilfe bereit sei.[49]

„650000 jüdische Vertriebene in Evian von allen abgewiesen!" hatte die „New York Herald Tribune" am 8. Juli 1938 besorgt geschrieben.

„Juden billig abzugeben – wer will noch mal? Niemand!" hatte der „Reichswart" am 14. Juli 1938 höhnisch verkündet.

Jetzt, am 24. Oktober 1938, erhält das Auswärtige Amt ein Memorandum der französischen Regierung, in dem geradezu ängstlich der rein humanitäre Charakter des internationalen Hilfskomitees betont wird: „Keiner der Staaten bestreitet der deutschen Regierung das uneingeschränkte Recht, gegen bestimmte Staatsangehörige Maßnahmen zu ergreifen, die allein unter die Ausübung ihrer Souveränität fallen."[50]

Mußte Hitler diese aus dem Geist der Nichteinmischung stammende Erklärung nicht als Hinweis verstehen, daß man ihm *auch* bei der Lösung der Judenfrage freies Spiel lassen werde?

Nun ist es sicherlich nicht so, daß sich Hitler das Gesetz des Handelns von fremder Seite hätte vorschreiben, daß er die Durchführung seines Programms von fremder Zustimmung oder Ablehnung hätte abhängig machen lassen. Aber von der Notwendigkeit taktischer Anpassung an die politischen Gegebenheiten, an das jeweils Machbare, war auch Hitler nicht befreit.

So wie Hitler die Aufrüstung seit 1933 Schritt für Schritt vorangetrieben hatte, so hatte er sich auch der Lösung der Judenfrage schrittweise genähert. Und so wie Hitler das Wesen seiner „Friedenspropaganda" vor ausgesuchten Zuhörern als Täuschungspolitik, als

Scheinrevisionismus offenbart hatte, so hat er Taktik und Methode der Judenverfolgung im engsten Kreise beschrieben.

Am 29. April 1937 beschäftigt sich Hitler in der schon erwähnten Geheimrede vor Kreisleitern auf der Ordensburg Vogelsang mit einem Redakteur, der es gewagt hat, die Kennzeichnung jüdischer Geschäfte zu fordern. Hitler: „In der *Zeitung*: 'Wir fordern!' Nun muß ich sagen, sehen Sie: Von wem fordert er das? Wer kann das anordnen? Ich ganz allein. Also, der Herr Redakteur fordert im Namen seiner Leser von mir, daß ich das tue. Zunächst: Längst eh' dieser Herr Redakteur von der Judenfrage eine Ahnung hatte, habe ich mich doch schon sehr gründlich damit beschäftigt; zweitens, dieses Problem der Kennzeichnung wird seit zwei, drei Jahren fortgesetzt erwogen und wird eines Tages so oder so natürlich auch durchgeführt. *Denn: das Endziel unserer ganzen Politik ist uns ja allen klar.* Es handelt sich bei mir immer nur darum, keinen Schritt zu machen, den ich vielleicht wieder zurück machen muß, und keinen Schritt zu machen, der uns schadet. Wissen Sie, ich gehe immer an die äußerste Grenze des Wagnisses, aber auch nicht darüber hinaus."[50]

Was aber ist dieses Endziel dieser Politik? Was hat Hitler mit den Juden vor? Welches waren seine bisherigen „Schritte", und bei welchem ist er im Herbst 1938 angekommen?

Die Judenfrage

Im Jahre 1919 wird Hitler von seinen militärischen Vorgesetzten aufgefordert, zu den Gefahren Stellung zu nehmen, „die das Judentum für unser Volk heute bildet".

Diesem Auftrag verdanken wir nicht nur die erste politische Stellungnahme Hitlers überhaupt, sondern auch die Grund- und Offenlegung seines antisemitischen Programms.

Hitler schreibt am 16. September 1919[1]: Der im Volk vorhandene Antisemitismus beruhe meistens auf persönlichen Eindrücken und sei eine bloße Gefühlserscheinung. Der Antisemitismus als politische Bewegung dürfe und könne nicht bestimmt werden durch Momente des Gefühls, sondern durch die Erkenntnis von Tatsachen. Tatsachen aber seien: Zunächst sei das Judentum unbedingt *Rasse* und nicht Religionsgemeinschaft. In Deutschland lebe also eine nichtdeutsche, fremde Rasse, die durch ihre Rasseeigenschaften, zuvörderst ihren krassen Materialismus das Volksleben vergifte.

Hitler, der sich in diesem Zusammenhang nicht scheut, von der Rassentuberkulose der Völker zu sprechen, zieht folgendes Fazit: „Der Antisemitismus aus rein gefühlsmäßigen Gründen wird seinen letzten Ausdruck finden in der Form von Progromen(!). Der Antisemitismus der Vernunft jedoch muß führen zur planmäßigen gesetzlichen Bekämpfung und Beseitung der Vorrechte der Juden... (Fremdengesetzgebung). Sein letzes Ziel aber muß unverrückbar die Entfernung der Juden überhaupt sein."

Der „Antisemitismus der Vernunft" wird wenig später, am 24. Februar 1920, Eingang in das offizielle Programm der NSDAP finden.[2]

Punkt 4 lautet: Staatsbürger kann nur sein, wer Volksgenosse ist. Volksgenosse kann nur sein, wer deutschen Blutes ist. Kein Jude kann daher Volksgenosse sein.

In *Punkt 5* wird statuiert: Wer nicht Staatsbürger ist, ... muß unter Fremdengesetzgebung stehen.

In *Punkt 6* wird daraus die Konsequenz gezogen, „daß jedes öffentliche Amt...nur durch Staatsbürger bekleidet werden darf".

Auch der wirtschaftliche Antisemitismus wird, so weit wie eben möglich, im Parteiprogramm festgeschrieben.

Nach *Punkt 7* soll es Aufgabe des Staates sein, in erster Linie für die Erwerbs- und Lebensmöglichkeit der Staatsbürger zu sorgen. Sofern das nicht möglich ist, sind „Nicht-Staatsbürger" auszuweisen.

Punkt 11 verlangt, auf dem Hintergrund des „jüdischen Leihkapitals" (Gottfried Feder): Abschaffung des arbeits- und mühelosen Einkommens, Brechung der Zinsknechtschaft.

In *Punkt 16* wird zur Schaffung bzw. Erhaltung eines gesunden Mittelstandes die Vergesellschaftung der (selbstverständlich jüdischen) Groß-Warenhäuser gefordert.

In *Punkt 24* stellt die NSDAP klar, daß sie den jüdisch-materialistischen Geist „in und außer uns" bekämpft.

Das war nun freilich, trotz markiger Worte, ein antijüdisches Minimalprogramm, das die Partei, einmal zur Macht gekommen, im ersten Anlauf sollte durchsetzen können – ein staatlich verordneter, auf Zurückdrängung und Entfremdung angelegter Antisemitismus mit starken berufs- und mittelständischen Zügen.

Was aber hatte es mit der Entfernung der Juden überhaupt auf sich, jenem letzten Ziel des planmäßigen Antisemitismus, das im Parteiprogramm mit keinem Wort erwähnt ist? Entfernung der Juden aus Deutschland, aus Europa, d.h. Ausweisung bzw. Austreibung? Oder Entfernung der Juden von dieser Erde, d.h. Vernichtung?

Zunächst und in erster Linie hat Hitler die Ausweisung der Juden aus Deutschland zu seinem (Wahl-)Programm gemacht. In Reden und Diskussionsbeiträgen fordert er seit 1920 unablässig: „Hinaus mit den Juden, die unser Volk vergiften!"[3]

Aber spätestens 1923 tritt eine Verschärfung seines antijüdischen Programms ein. Schon Ende 1922 hatte Hitler in einem Gespräch erklärt: „Eine Lösunng der Judenfrage muß kommen. Wenn sie mit Vernunft gelöst wird, so wird dies das Beste für beide Teile sein. Wenn dies nicht erreicht wird, so gibt es nur zwei Möglichkeiten, entweder das deutsche Volk wird ein Volk wie die Armenier oder die Levantiner, oder es erfolgt eine blutige Auseinandersetzung."[4]

Die eigentliche Radikalisierung und höchste Akzentuierung der Judenfrage nimmt Hitler in „Mein Kampf" vor. Noch während der Festungshaft erklärt er einem Parteigenossen auf dessen Frage, ob sich seine Stellung zur Judenfrage inzwischen geändert habe: „Ja, ja, es ist ganz richtig, daß ich meine Ansicht über die Kampfweise gegen das Judentum geändert habe. Ich habe erkannt, daß ich bisher viel zu milde war! Ich bin bei der Ausarbeitung meines Buches zur Erkenntnis gekommen, daß in Hinkunft die schärfsten Kampfmittel angewendet werden müssen, um uns erfolgreich durchzusetzen. Ich bin überzeugt, daß nicht nur für unser Volk, sondern für alle Völker dies eine Lebensfrage ist. Denn Juda ist die Weltpest."[5]

Das ist vom „Antisemitismus der Vernunft" schon weit entfernt und bereits in der Sprache des Krieges, des Kriegers gesprochen! Folgerichtig heißt es in „Mein Kampf": „Mit den Juden gibt es kein Paktieren, sondern nur das harte Entweder – Oder."[6]

Jetzt bekommt auch der Begriff der „Entfernung" eine ganz neue Dimension: Entfernung einer lebensbedrohenden Gefahr!

In Hinblick auf den „unerbittlichen Weltjuden", der für seine Herrschaft über die Völker kämpft, schreibt Hitler: „Kein Volk *entfernt* diese Faust anders von seiner Gurgel als durch das *Schwert*...Ein solcher Vorgang ist und bleibt aber ein *blutiger*."[7]

Also Krieg! Hitlers eigentliches antijüdisches Programm ist ein kriegerisches, ein erst durch und mit einem Kriege zu verwirklichender Kampf gegen das Weltjudentum.

Alles was Hitler in diesem Zusammenhang schreibt, ist auf einen *Krieg* bezogen – und zwar auf einen Welt-Krieg, mit dem Hitler nicht nur die Vorherrschaft der nordisch-germanischen Rasse in Europa, sondern die Beherrschung der Welt anstrebt, ein Langzeitkrieg, ein permanenter Großkampf, mit einer Serie von Blitzkriegen eingeleitet, bei denen er immer wieder und überall auf den Weltfeind Nr. 1, den Parasiten der Völker, treffen wird und diesen mitvernichten muß. Im Grunde ein doppelter Rassenkrieg.

Das radikal Neue in „Mein Kampf" sind nicht die verbalen Verschärfungen, mit denen Hitler das Weltjudentum markiert und die durchweg dem Bereich der Parasitologie entnommen sind. („Parasit", „Bazillus", „Spaltpilz" usw.)

Das Neue ist, daß Hitler die Judenfrage aus dem nationalen Bezug herausgenommen, als Weltproblem dargestellt und die Endlösung als unabweisliches Endziel der Geschichte, als „Naturgesetz“ festgeschrieben hat, gegen das niemand ohne Folgen verstoßen könne und das er in seiner Person zu erfüllen habe: „So glaube ich heute im Sinne des allmächtigen Schöpfers zu handeln: *Indem ich mich des Juden erwehre, kämpfe ich für das Werk des Herrn.*“[8]

In „Mein Kampf“ verbindet Hitler eine visionäre Außenpolitik mit einem messianischen Antisemitismus zu einem Bewegungsgesetz der Geschichte von wahrhaft schauerlicher Konsequenz: Zwischen der Eroberung der Welt und der Vernichtung der jüdischen Rasse besteht für Hitler ein unausweichlicher Zusammenhang dergestalt, daß die Weltherrschaft der nordisch-germanischen Rasse nur mit bzw. nach der Vernichtung der jüdischen Rasse zu erreichen sei. Anders gesagt: Wenn es die geschichtliche Aufgabe des Ariers war, dereinst die Welt zu beherrschen, dann war für den Weltfeind Nr. 1, den Parasiten der Völker, auf dieser Erde kein Platz: Er mußte – langsam, aber sicher – von ihr *entfernt* werden.

Konnte nun jemand, bis zur Machtergreifung, aber auch danach, ernsthaft glauben oder voraussehen, daß ein Politiker und Staatsmann ein derart monströses Programm allen Ernstes zum Gegenstand seiner Politik, seiner Lebensverwirklichung machen würde? Hitler hat später, zumindest im vertrauten Kreis bedauert, daß er sich in „Mein Kampf“ derart rücksichtslos offenbart habe – aber damals, in der Gefangenschaft, hätte er sich alles von der Seele schreiben müssen, was ihn bewegte![9]

Indessen: Hitler hätte sein Buch später jederzeit zurückziehen, zumindest abändern können. Er hat es, bewußt, *nicht* getan. („Inhaltlich möchte ich nichts ändern.“)[10]

Bis zum Machtantritt sind von „Mein Kampf“ etwa 287.000 Exemplare verkauft worden. Ende 1933 – nach dem Einsetzen der gezielten Verkaufsförderung von oben – waren es schon 1.500.000. 1938: 4.000.000. Die Gesamtauflage von „Mein Kampf" hat bis 1945 etwa 10.000.000 Exemplare betragen; übersetzt in fast alle Sprachen dieser Welt (My battle, my struggle, mon combat, la mia battaglia, mi Lucha, min Kamp, moja Borba) und selbst in Blindenschrift erschienen. (Daß Hitler allein durch dieses Buch Multimillionär geworden ist, versteht sich, am Rande, von selbst.)[11]

Hat denn niemand, so müssen wir bestürzt nachfragen, dieses Buch gelesen, die Zeichen verstanden, vor Hitler gewarnt oder ihn unter Hinweis auf „Mein Kampf" zu verhindern gesucht, statt ihn zu „ermöglichen"?

Karl Lange hat dieser Frage ein ganzes Buch gewidmet. Die Antwort, im Titel schon angedeutet („Hitlers unbekannte Maximen"), ist erschütternd. Nur wenige haben sich vor 1933, aber auch danach die Mühe gemacht, dieses Buch zu lesen. Und von diesen wenigen hat es kaum jemand ernst genommen.[12]

Wenn die Geschichte des Nationalsozialismus „die Geschichte seiner Unterschätzung" (Bracher)[13] ist, so gilt dies auch und in erster Linie für „Mein Kampf", den „ungelesensten Bestseller der Weltliteratur" (Jäckel).[14]

Die „noch immer kaum glaubliche Unterschätzung Hitlers" (Jäckel)[15] und dessen Fähigkeit zu „grandioser Selbstverharmlosung" (Jacobsen)[16] haben sich zu einer jener kognitiven Katastrophen verbunden, die es Hitlers Zeitgenossen offenbar unmöglich gemacht haben, zunächst jedenfalls, die ungeheure Zielstrebigkeit und blutige Konsequenz der Hitlerschen *Stufenpolitik* zu erkennen.

Mochte es Hitler nun gelungen sein, sein antisemitisches Programm aus dem Bewußtsein der Öffentlichkeit zu verdrängen, so sollte sich nach der Machtergreifung zeigen, daß er kein Wort davon vergessen hatte.

Wir haben gesehen, mit welcher Umsicht und Folgerichtigkeit Hitler „mitten im Frieden" Aufrüstung und Kriegsvorbereitung vorangetrieben hat. Wir werden jetzt sehen, wie Hitler, mit dem Antritt der Macht, sein antijüdisches Programm „Schritt für Schritt" verwirklicht.

Die drei Verfolgungswellen

1933

In der Phase der sogenannten Machtergreifung, in den Wahlschlachten davor spielt der Antisemitismus keine Rolle. Der Kampf richtet sich in jeder Weise gegen den politischen Gegner, in erster Linie gegen die Kommunisten und die verhaßte Sozialdemokratie. Über die Juden verliert Hitler kein Wort. Statt dessen malt er seinen Wählern (und Geldgebern) das Gespenst der Bolschewisierung Deutschlands an die Wand, d.h. er entwickelt jene hochwirksame Alternative, die Goebbels für den Berliner Wedding auf die Formel „Lenin oder Hitler" gebracht hatte.[1]

Wer also glaubt, daß die Nationalsozialisten am Tage der Machtübernahme über die Juden herfallen würden, irrt sich. Eher stand zu erwarten, daß SA und SS die Abrechnung mit den „Feinden des neuen Staates" suchen würden, aber auch die allseits befürchtete „Nacht der langen Messer" bleibt aus.

Zwar kommt es in den ersten Tagen nach der Machtübernahme zu Zusammenstößen mit der „Kommunistischen Mordorganisation". Aber schon am 2. Februar 1933 erläßt Hitler einen Maßhalteappell an seine Truppen: „Niemand verliert die Nerven!...Die Stunde der Niederbrechung dieses Terrors kommt!"[2]

Hitler, soeben Reichskanzler in einem überwiegend konservativen Kabinett geworden, geht entschieden

den Weg der „legalen Revolution" weiter, jetzt als Weg der revolutionären Gesetzgebung.

Am 4. Februar 1933 ergeht eine Notverordnung „zum Schutz des deutschen Volkes", mit der die politische Opposition ausgeschaltet wird (Einschränkung der Presse- und Versammlungsfreiheit; Unterbindung jeglicher Kritik an der neuen Regierung).[3]

Am 6. Februar 1933 wird, durch eine weitere Notverordnung, der Preußische Landtag aufgelöst und Göring als kommissarischer Innenminister Preußens in den Stand gesetzt, SA und SS in die Verwaltung einzuschleusen, d.h. die Gestapo aufzubauen.[4]

Am 28. Februar 1933, einen Tag nach dem Reichstagsbrand, wird die Notverordnung „zum Schutz von Volk und Staat" erlassen, mit der alle wichtigen Grundrechte der Weimarer Reichsverfassung außer Kraft gesetzt, die Todesstrafe erheblich erweitert und die Zerschlagung der Länderhoheit eingeleitet wird.[5]

Diese „Brandverordnung" wird zur wichtigsten legalen Grundlage der NS-Herrschaft werden und bis 1945 einen permanenten Ausnahmezustand in Deutschland schaffen.

Nach der Reichstagswahl vom 5. März 1933 – der „letzten", wie Hitler der Industrie als Spenderin der Wahlkampfmillionen versprochen hat – kann Hitler seine Aufmerksamkeit den Juden zuwenden, die noch das sind, was sie nach Punkt 4 des Parteiprogramms nicht sein können: Volksgenossen!

Die antijüdischen Maßnahmen setzen in der Tat *schlagartig* nach der Reichstagswahl ein, die Hitler mit fast 44% aller Stimmen einen weiteren Legalitätsschub bringt. Schon am 6. März 1933 kommt es auf dem Berliner Kurfürstendamm zu Übergriffen der SA und SS, die sich bis zum 9. März zu blutigen Unruhen steigern (1. Kurfürstendamm-Pogrom).[6]

Am gleichen Tage beginnen SA und Stahlhelm, das Chemnitzer Landgericht zu besetzen, auf eigene Faust die jüdischen Richter und Beamten zu „entfernen", teilweise sogar in Schutzhaft zu nehmen.

Diese Aktion setzt sich springflutartig im ganzen Reich fort. Am 12. März besetzt die SA die Eingänge des Landgerichts in Breslau, verweigert jüdischen Richtern und Rechtsanwälten den Zutritt, worauf der um Ruhe und Ordnung besorgte Landgerichtspräsident den Betroffenen nahelegt, ihre Prozesse zu vertagen. Am 16. März wird tatsächlich, ohne jede Rechtsgrundlage, die Zahl der jüdischen Rechtsanwälte „zur Beruhigung der Bevölkerung" begrenzt.

Ähnliche Gerichtsaktionen folgen in Gleiwitz, Berlin, Görlitz. In allen Fällen dringt eine „erregte Menschenmenge" in die Gerichtsgebäude ein und sprengt die laufenden Gerichtsverhandlungen, sofern sie jüdisch besetzt sind.

Am 14. März 1933 fordert der BNSDJ die Säuberung der deutschen Gerichte von *fremdrassigen* Beamten und Rechtsanwälten.

Der „Völkische Beobachter" beschäftigt sich am gleichen Tage mit der „Verjudung" der Berliner Gerichte und fordert entsprechende Konsequenzen. Wenig später setzt er unter der Überschrift „Breslau und Moabit" nach: „Man darf hoffen, daß auch hier der eiserne Besen nicht lange auf sich warten läßt." Er tut es nicht. In den Berliner Gerichten kommt es zu schweren Tumulten, die in der Forderung nach sofortiger Absetzung der jüdischen Richter gipfeln.

Überall im Reich hat man begonnen, die jüdischen Richter unauffällig zu versetzen oder in Zwangsurlaub zu schicken. Schon Ende März 1933 ist ein Großteil der Juden aus der deutschen Justiz faktisch ausgeschieden.

Die antijüdischen Maßnahmen haben sich von vornherein nicht auf Juristen beschränkt. Bereits am 28. Februar 1933 hat der Kommissar z.b.V. im preußischen Innenministerium, Dr. med. Conti, verkündet, daß es seine Hauptaufgabe sei, den deutschen Ärztestand vom Judentum zu säubern, worauf eine (illegale) Kündigungswelle im öffentlichen Medizinalwesen einsetzt.

Von Anfang an hat auch der „wirtschaftliche" Antisemitismus sein Recht gefordert, an der Spitze der NS-Kampfbund für den gewerblichen Mittelstand, der sich, unterstützt von Rollkommandos der SA und Schlägertrupps der NSBO, an die Zerstörung und „Kennzeichnung" jüdischer Geschäfte im ganzen Reich macht.

Die systematischen Verfolgungen und Schikanierungen der deutschen Juden sind dem Ausland natürlich nicht verborgen geblieben. Sie haben heftige Kritik und einen zunehmenden Boykott der deutschen Exportwirtschaft hervorgerufen.

Das ist eine erste Zuspitzung der Judenfrage, die Hitler willkommenen Anlaß gibt, energischer durchzugreifen. Vom 26. – 28. März hält er Konferenzen mit seinen Unterführern, besonders mit Goebbels, in Berchtesgaden und München ab, um einen Gegenschlag vorzubereiten.

Es ist – als erste Stufe – der für den 1. April 1933 angeordnete *Boykott* jüdischer Geschäfte, Ärzte und Rechtsanwälte, von Goebbels als Notwehrmaßnahme gegen die „jüdische Greuelhetze" deklariert. Der im VB vom 29. März 1933 veröffentlichte Aufruf der Parteileitung der NSDAP trägt – quer über die ganze Seite – die groteske Überschrift: *„Samstag, Schlag 10 Uhr, wird das Judentum wissen, wem es den Kampf angesagt hat."*[7]

Pünktlich am 1. April 1933 ziehen in ganz Deutschland SA und SS vor jüdischen Praxen, Geschäften und Warenhäusern mit vorgedruckten Plakaten auf: „Deutsche! Wehrt Euch! Kauft nicht bei Juden!"

Der Boykott, der trotz der Exaltationen der NS-Presse irgendwie überstürzt und aus der Luft gegriffen wirkt, kommt bei der deutschen Bevölkerung nicht an. Im Gegenteil: Die erklärte Absicht, den Boykott im Wortsinne zu popularisieren („Der Boykott muß ein allgemeiner sein. Er wird vom ganzen Volk getragen und muß das Judentum an seiner empfindlichsten Stelle treffen") mißlingt vollkommen.

Der amerikanische Konsul in Leipzig schreibt in seinem Bericht vom April 1933: „Um der Gerechtigkeit gegenüber dem deutschen Volk willen muß gesagt werden, daß der Boykott bei der Arbeiterschaft und dem gebildeten Teil des Mittelstandes unpopulär war."[8]

Nun kann es unmöglich die Absicht der Partei gewesen sein, die jüdische Wirtschaft durch eine unvermittelte Blitzaktion zum Erliegen zu bringen und die Bevölkerung von einem Tag zum anderen dazu zu bewegen, auf ihre gewohnten und vertrauten Geschäfte, Ärzte, Anwälte usw. zu verzichten.

Der Sinn des Boykotts ist es vielmehr, auf die jüdischen Geschäfts- und Praxisinhaber *aufmerksam* zu machen, wie es in einer Anordnung Streichers vom 31. März 1933 heißt. Die Judenfrage soll vorerst nur akzentuiert, aufgeladen werden, um die längst in Vorbereitung befindlichen Gesetze nachträglich zu rechtfertigen. Insofern trägt der Boykott wiederum deutlich Hitlers Handschrift. Worauf es wirklich ankommt, kann man an den hintergründigen Begleitmaßnahmen erkennen, die der kommenden gesetzlichen Regelung buchstäblich vorgreifen.[9]

Am *Vorabend* des Boykotts weist der für die bayerische Justiz zuständige Dr. Hans Frank (Mitglied des Boykott-Komitees!) seine obersten Gerichtsbehörden an, jüdische Richter und Staatsanwälte zu „beurlauben", jüdischen Rechtsanwälten das Betreten der Gerichtsgebäude zu verbieten, jüdischen Notaren die Berufsausübung zu untersagen.

Nur wenig später (genau: am 31. März 1933, 20.13 Uhr) setzt der NS-Reichskommissar für die Preußische Justiz, Hans Kerrl, der spätere Justiz- bzw. Kirchenminister, einen etwa gleichlautenden Funkspruch ab, untersagt am 1. April den preußischen Notaren jüdischen Glaubens die Berufsausübung und erläßt noch am 4. April 1933 ein Vertretungsverbot für alle jüdischen Rechtsanwälte in Preußen.

Diese Maßnahmenexzesse veranlassen schließlich sogar den Reichspräsidenten von Hindenburg, bei Hitler zu intervenieren. Er interessiert sich allerdings nur für die jüdischen Frontkämpfer (!) und bittet Hitler „herzlichst und eindringlichst, sich dieser Frage persönlich anzunehmen und ihre einheitliche Regelung für alle Zweige des öffentlichen Dienstes im ganzen Reich zu veranlassen".[10]

Nichts konnte Hitler gelegener kommen, als dieser Ruf nach dem Gesetzgeber. Er verspricht – die „edlen Motive" des Feldmarschalls würdigend – Abhilfe: Die Lösung dieser Fragen werde der Willkür einzelner Aktionen entrückt und gesetzlich allgemein geregelt werden.

Interessant und entlarvend zugleich ist in Hitlers Antwort vom 5. April 1933 die Erklärung, daß dieses Gesetz „schon Ende vergangener Woche" (also spätestens am 31. März / 1. April 1933) durchgesprochen worden sei.[11]

Nun geht alles ganz schnell, „blitzartig", um mit Hitler zu sprechen: Am 6. April 1933 liegt der „Gesetzentwurf zur Wiederherstellung des Berufsbeamtentums" (GWBB) vor, am *nächsten* Tag wird das Gesetz im Reichskabinett verabschiedet und im Reichsgesetzblatt veröffentlicht.[12] Das erste antisemitische Maßnahmengesetz ist da! § 3 des Gesetzes bestimmt, daß Beamte

„nicht arischer Abstammung" in den Ruhestand zu versetzen sind. Dies ist der berüchtigte „Arierparagraph", durch den allein 2000 jüdische Wissenschaftler und Professoren, darunter Gelehrte von Weltruf, aus ihren Ämtern vertrieben werden und ihre wohlerworbenen Rechte verlieren.

Noch am 7. April 1933 fertigt Hitler ein den Grundlinien des GWBB entsprechendes „Gesetz über die Zulassung zur Rechtsanwaltschaft" aus.[13]

Am 22. April 1933 wird die Tätigkeit jüdischer Ärzte bei Krankenkassen für beendet erklärt, Neuzulassungen werden verboten. (Am 2. Juni wird eine gleiche Regelung für Zahnärzte und Zahntechniker erlassen).

Am 25. April 1933 ergeht ein Gesetz gegen die Überfüllung (!) deutscher Schulen und Hochschulen, mit dem die Zahl der jüdischen Schüler und Studierenden prozentual auf den jüdischen Bevölkerungsanteil beschränkt wird, d.h. im Einzelfall nicht mehr als 5% betragen, insgesamt aber 1,5% nicht übersteigen darf!

Am 4. Mai 1933 wird der „Arierparagraph" auf Angestellte und Arbeiter im öffentlichen Dienst ausgedehnt. Wenig später werden Privatdozenten und Notare in die Regelung einbezogen.

Ein Gesetz vom 6. Mai 1933 verbietet die Zulassung jüdischer Steuerberater.

Schließlich: Nachdem Goebbels im Juli 1933 seine Reichsfilmkammer errichtet hat, im September die Reichskulturkammer mit den nachgeordneten Einzelkammern (Schrifttum, Presse, Theater, Rundfunk, Musik und bildende Künste), geben ihm entsprechende Gesetze die Möglichkeit, Juden aus allen künstlerischen Berufen zu entfernen.

Am 4. Oktober 1933 folgt auf seinen Vorschlag ein sogenanntes Schriftleitergesetz, wonach der Beruf des Schriftleiters ausschließlich Ariern vorbehalten ist.

Fazit eines NS-Juristen in der Zeitschrift „Deutsches Recht": „Seit der Machtübernahme führt das deutsche Volk einen konsequenten erfolgreichen Kampf gegen das parasitäre Judentum. Ausgehend vom Punkt 4 des Parteiprogramms wurden zunächst Maßnahmen getroffen, den Beamtenkörper, die freien Berufe, insbesondere der Rechtsanwälte und Ärzte sowie der Schriftleiter, *vom Juden zu säubern.*"[14]

Dies ist nun wahrlich innerhalb weniger Monate gelungen. Aber auch dies ist klar geworden: Der Wunsch, die Juden an ihrer empfindlichsten Stelle zu treffen, ist vorerst gescheitert. Hitler hatte den Juden schon 1931 große wirtschaftliche Härten und die Ausschaltung aus der Wirtschaft vorausgesagt.

Nach der Machtübernahme hat er lernen müssen, daß die Wirtschaft ein sensitives Eigenleben führt und nicht folgenlos gestört werden kann.

Am 12. Juli 1933 erklärt Hitler seinen Gauleitern, daß man auf wirtschaftlichem Gebiet Schritt für Schritt vorgehen müsse, „ohne das Bestehende zu zertrümmern und unsere eigene *Lebensgrundlage* zu zerstören".[15]

Die wirtschaftliche Lösung der Judenfrage muß vertagt werden.

Aber auch in der Rassenfrage gibt es 1933 keinen Fortschritt. Das Parteiprogramm bleibt unerfüllt. Im Juli 1933 hatte das Innenministerium (Pfundner) die Verabschiedung eines *rassisch* fundierten Staatsangehörigkeitsgesetzes voreilig als unmittelbar bevorstehend angekündigt.

Ebenso hatte das preußische Justizministerium (offensichtlich verfrühte) Überlegungen angestellt, die „Rassenvermischung" zwischen Deutschen und „blutsfremden" Personen als *Rasseverrat* unter Strafe zu stellen.[16] Alle diese Initiativen werden zu den Akten gelegt. Die Zeit ist noch nicht reif.

1935

Ende 1933 ist in der Judenfrage eine deutliche Beruhigung eingetreten. 1934 kommt sie vorerst zum Stillstand. Hitler hat andere Sorgen. Er muß die revolutionären Energien der Bewegung in das sichere Bett der Evolution überleiten, muß die unter Stabschef Röhm zu stark, zu autonom gewordene SA bändigen und ihr, *für* Reichswehr und *gegen* Miliz optierend, einen entscheidenden Schlag versetzen.

Nachdem Hitler im August 1934 die Funktionen des Reichspräsidenten übernommen hat, ist er (Herr Deutscher Reichskanzler!) vollends „Staatsmann" geworden. Hitler am 5. September 1934: „In den nächsten tausend Jahren findet in Deutschland keine Revolution mehr statt."[17]

Ein nicht geringer Teil der ausgewanderten Juden ist nach Deutschland zurückgekommen, hat sich vom Schock der ersten Verfolgungswelle erholt. Zu früh! Denn schon im Herbst 1934 facht Pg. Streicher die Judenfrage wieder an. Im ganzen Reich werden sogenannte „Stürmer"-Kästen aufgestellt, mit denen Frankens Judenhasser Nr. 1 seine pornographische, immer hysterischer werdende Judenhetze bis in die kleinsten Orte tragen kann.[18]

Im Frühjahr 1935 wird die Hetzkampagne zentral von Goebbels „Angriff" und vom neugegründeten „Judenkenner" übernommen, der dem „Stürmer" in nichts nachsteht. (Überschriften in Nr. 4 vom 8.3.1935 u.a.: „Schweinische Rassenmoral", „Geile Judengier nach deutschen Frauen")[19]

Die Regionalzeitungen verbreitern die Kampagne, stellen geringste Verfehlungen einzelner Juden groß heraus oder bringen, wie Ende 1935 der „Westdeutsche Beobachter", eine Sondernummer „gegen das Judentum" heraus.[20]

Als die auf breiter Front vorgetragenen Hetztiraden die ersten Ausschreitungen verursacht haben, weist der „Angriff" warnend auf eine kommende antisemitische Welle hin und setzt damit die Signale.[21]

Dem Wetterleuchten in der Provinz folgt der Großbrand in den Metropolen: Pogrome in Berlin und München, Prangerumzüge in Breslau, schlimme Zerstörungs- und Verwüstungsorgien in Köln, Düsseldorf, Wuppertal, im ganzen Rheinland. In Rheidt wird der jüdische Friedhof dem Erdboden gleichgemacht.[22]

Nachdem der „Antisemitismus der Straße" in den Städten aufgeladen worden ist, strömt er in breiter Form über das Land aus. Überall dort, wo eine unmittelbare Berührung mit „dem Juden" stattfindet, in Geschäften und Gaststätten, in Cafés und Eisdielen, auf Viehmärkten und in öffentlichen Badeanstalten, setzen die Schlägertrupps der SA die Akzente. Nach der Devise „Nieder mit den Judenhunden" prügeln sie die Judenfrage erneut in das Bewußtsein der Bevölkerung.

Hinter der systematisch angefachten Pogromstimmung des Frühjahrs 1935 werden langsam die politischen Konturen der Kampagne sichtbar. Es sind jene programmatischen Forderungen der Partei, die 1933 unerfüllt geblieben sind: Wirtschaftsboykott und Rassentrennung.

Auch 1935 keimt der Antisemitismus an der Wirtschaftsfrage auf, macht sich – vor Ort – am Übergewicht des durchweg erfolgreichen jüdischen Konkurrenten fest.[23] Spätestens ab Mai 1935 hat sich eine neue *Boykottlinie* unter der wohlbekannten Devise: „Deutsche! Wehrt Euch! Kauft nicht bei Juden!" entwickelt. Auffällig die Zahl der Schilder mit der Aufschrift: „Rein arisches Unternehmen" oder „Deutsches Geschäft", „Deutscher Arzt", „Deutsche Gastwirtschaft". Hinterhältig die Anschwärzung des jüdischen Konkurrenten in der Öffentlichkeit („Hundefutter als menschliche Nahrung angeboten"), aber auch der Käufer, die unter voller Namensnennung, oft mit Lichtbild, in den „Stürmer-Kästen" angeprangert werden: „Wer beim Juden kauft, ist ein Volksverräter!"

Die Diffamierung und Schikanierung der jüdischen Geschäftsleute erreicht Mitte 1935 ihren Höhepunkt. Viele Juden weichen, sofern sie nicht in Schutzhaft genommen werden, dem Druck der Straße mit der Folge, daß ihre Betriebe verwaisen oder durch „Treuhänder" heruntergewirtschaftet werden, so daß zahlreiche Volksgenossen inzwischen arbeitslos oder zur Kurzarbeit gezwungen worden sind.

1935 hatten von Anfang an auch die extremen Rassisten in der Partei das Wort gehabt, die über alle Einzelaktionen hinweg einen grundsätzlichen Trennungsstrich zwischen Deutschen und Juden gezogen sehen wollten.[24] Die Parole hatte Goebbels schon im Februar ausgegeben: „Wir wollen die Juden nicht mehr!"

Im Mai hatte Reichsrechtsführer Frank die baldige Befreiung des deutschen Volkes von diesem *Fremdkörper* gefordert. Anfang Juni hatte die NS-Parteikorrespondenz erklärt, daß Juden nicht mehr als Staatsbürger angesehen werden könnten. Mitte Juli hatte der „Judenkenner" die Todesstrafe für alle Rassenschänder verlangt.[25]

Diese *Rassentrennungslinie* radikalisiert sich innerhalb weniger Monate auf geradezu unheimliche Weise. Die Deutschlandberichte der Sopade geben hinsichtlich dieser Bewegung, in der Ausgrenzung, Stigmatisierung und Ghetto der deutschen Juden keimhaft angelegt sind, für *Mitte 1935* folgenden Situationsbericht:

Bergzabern, Edenkoben und andere Orte verbieten Juden den *Zuzug* und untersagen den Verkauf von Grund und Boden an Juden. Bad Tölz, Bad Reichenhall, Garmisch-Partenkirchen und das bayrische Hochland gewähren Juden *keinen Zutritt* mehr zu den Kuranlagen. In Apolda, Berka, Blankenstein, Sulza, Allstadt und Weimar ist den Juden der Besuch der Lichtspieltheater *verboten.* Magdeburg verbietet Juden die Benutzung der Bibliotheken; die Straßenbahnen führen an den Eingängen Schilder: „*Juden unerwünscht!*" Die Gaststätten in Stralsund, Putbus und anderen Orten untersagen Juden den *Zutritt*; alle Geschäftsleute in Frankenthal (Pfalz) weigern sich, an Juden zu *verkaufen*; 500 Geschäfte, Gaststätten und Cafés des Kreises Alsfeld und die Gaststätten des gesamten Harzgebietes erhalten Schilder: „*Juden unerwünscht*"; die Friseure von Stralsund bedienen Juden nicht mehr. In unzähligen Gemeinden sind die Badeeinrichtungen für Juden *verboten*, sind „Rassenschänder" in Schutzhaft genommen, verprügelt, herumgeführt und ins Konzentrationslager geschleppt worden. Der Besuch der Externstein – *verboten*, Besuch von Veranstaltungen aller Art in Schriesheim – *verboten*...es ist eine Kette von Schikanen, Verboten, Diffamierungen, die ihre Ergänzung in den Anweisungen an die Arier, Verkehr mit Juden zu meiden, findet.[26]

Die antijüdischen Maßnahmen – sämtlich illegal – haben Mitte 1935 ihren exzessiven Höhepunkt erreicht, so daß Hitler die Parteidienststellen anweisen läßt, alle „wilden" Einzelaktionen zu unterbinden. Der Antisemitismus der Straße – als „Abwehrreaktion deutscher Volkskreise gegen die jüdischen Provokationen" ausgegeben – hat seinen Zweck erfüllt. Er soll (und wird) den Ruf nach dem Gesetzgeber provozieren. Reichswirtschaftsminister Schacht hat die Entwicklung des Jahres 1935 von Anfang an mit Sorge betrachtet. Er hat sich schon im Mai 1935 mit einer Denkschrift an Hitler gewandt und auf die sich verstärkende ungesetzliche Behandlung der Juden im Wirtschaftsleben hingewiesen.

Als sich einer seiner eigenen Leute, ein Reichsbankrat, mit Konterfei in den „Stürmer-Kästen" wiederfindet, weil er, was nicht verboten ist, „beim Juden" eingekauft hat, ist seine Geduld erschöpft. Am 20. August 1935 findet in der Reichsbank eine interministerielle Besprechung über die wirtschaftlichen Folgen der antijüdischen Parteitätigkeit statt.[27]

Schacht tritt keineswegs für die Juden ein. Zwei Tage zuvor hat er öffentlich verkündet, die Juden müßten sich damit abfinden, daß ihr Einfluß in Deutschland ein für allemal vorbei sei. Er hat auch keine Einwände gegen das Aufstellen von Schildern mit der Aufschrift „Juden unerwünscht": solche Schilder finde man massenhaft auch in den Vereinigten Staaten. Sein Punkt ist ein anderer: Das gesetzlose Treiben, die üble Boykottkampagne Streichers störe das wirtschaftliche Gleichgewicht und beeinträchtige seine Bemühungen um die *Wiederaufrüstung*!

Mit diesem Argument hat sich Schacht bei Hitler zweifellos durchsetzen können. Das Wirtschaftsgefüge darf nicht gestört, die Wiederaufrüstung nicht gefährdet werden. Die wirtschaftliche Lösung der Judenfrage ist nur in streng gesetzlichen Bahnen denkbar.

Folgerichtig erklärt Staatsminister Wagner, Vertreter der NSDAP auf der Schachtkonferenz: Die Bevölkerung werde sich beruhigen, wenn sie sehe, daß die Reichsregierung *Maßnahmen* gegen die Juden ergreife. Indessen: Die Konferenz sieht sich nicht in der Lage, derartige Maßnahmen zu beschließen oder auch nur vorzuschlagen. Es bleibt bei dem Entschluß, jüdische Unternehmungen bei öffentlichen Aufträgen künftig auszuschließen.

Die entscheidende Initiative kommt aus anderer Richtung. Innenminister Frick verkündet den Anwesenden: Die Judenfrage werde man auf völlig legale Weise zu lösen wissen. Sein Ministerium arbeite bereits an einer Reihe von Anordnungen. Um welche „Anordnungen" es sich handelt, sagt er nicht.

Heute wissen wir, daß spätestens im August 1935 eine Rassegesetzgebung in Vorbereitung war, daß zumindest Ansätze und Entwürfe zu jenen Nürnberger Gesetzen vorlagen, die die Ausgrenzung der deutschen Juden vorbereitet und ihre „Sonderbehandlung" überhaupt erst möglich gemacht haben.

Schon am 26. Juli 1935 hat Frick in einem Runderlaß die Vorbereitung eines Gesetzes gegen Mischehen angekündigt und die Standesbeamten angewiesen, Aufgebote oder Eheschließungen zwischen Ariern und Juden bis auf weiteres zurückzustellen![28]

Anfang August 1935 hat Goebbels auf dem Gautag in Essen öffentlich angekündigt, daß man Eheschließungen zwischen Deutschen und Juden nicht mehr dulden werde![29]

Gleichzeitig hat eine neue Diffamierungskampagne eingesetzt, die die legislatorische Stoßrichtung ankündigt: *Rassenschande*!

Um das Ausmaß dieser Hetze zu skizzieren, mag es genügen, die Schlagzeilen in einer einzigen NS-Zeitung, des „Hakenkreuzbanners" aus Mannheim vom August/September 1935 zu zitieren:[30]

Ein Heidelberger Jude als Rasseschänder (1.8.)
Jüdischer Arzt mit seinem Judenliebchen eingesperrt (3.8.)
Jüdischer Rasseschänder festgenommen (10.8.)
Jüdische Sadisten und Rasseschänder (13.8.)
Rasseschänder werden ausgerottet! (22.8.)
Wieder mehrere jüdische Volksverseucher in Haft (23.8.)
Rassenschänder in Schutzhaft (26.8.)
Rasseschänder Moch in Schutzhaft (28.8.)
Zwei jüdische Scheusale (2.9.)
Rassenschänder werden ausgerottet (10.9.)
Rasseschänder! (11.9.)

Deutlicher kann man ein kommendes Gesetz nicht vorwegnehmen.

Hitler, der Langsamkeit des Gesetzgebungsprozesses eingedenk (wieviele Entwürfe haben sich nicht seit 1933 in „Vorbereitung" befunden?), entschließt sich wieder einmal zu einer jener Blitzaktionen, mit denen er die von ihm gewünschten gesetzlichen Regelungen förmlich aus dem Boden stampft.[31]

Vom 10. bis 16. September 1935 findet in Nürnberg der Reichsparteitag der Freiheit statt. Noch während des laufenden Parteitages läßt Hitler die Ministerialbürokratie anreisen und verlangt buchstäblich über Nacht neue bzw. aktualisierte Entwürfe zu jenen *Rassegesetzen*, die der nach Nürnberg einberufene Reichstag am 15. September 1935 einstimmig annehmen wird: Das Reichsflaggengesetz, das Reichsbürgergesetz und das Blutschutzgesetz, genauer: das „Gesetz zum Schutze des deutschen Blutes und der deutschen Ehre", das u.a. Eheschließungen und außerehelichen Verkehr zwischen Deutschen und Juden verbieten und diesen noch nicht einmal gestattet wird, eine „arische" Hausangestellte unter 45 Jahren zu beschäftigen.[32]

Hitler schlägt dem Reichstag die Annahme der Gesetze mit folgender Begründung vor: Das erste und zweite Gesetz trage eine *Dankesschuld* an die Bewegung ab, indem es das Programm der NSDAP in einem wichtigen Punkt erfülle. Das dritte Gesetz sei der Versuch der gesetzlichen Regelung eines Problems, das im Falle des abermaligen Scheiterns „zur endgültigen Lösung" der *Partei* übertragen werden müßte![33]

Diese Gesetze, von Hitler in seinem Schlußappell als Jahrhundertgesetze klassifiziert, sind der entscheidende Schritt auf dem Weg zur Lösung der Judenfrage: Sie dienen der „blutsmäßigen" Reinigung des deutschen Volkskörpers, d.h. sie sollen die Trennung,

Absonderung und spätere Herausnahme der Juden aus dem deutschen Volk ermöglichen.

Das Reichsflaggengesetz[34], in der Geschichtsschreibung eher stiefmütterlich behandelt, erhebt das „heilige Symbol" der Bewegung, die Hakenkreuzfahne, zur Reichsflagge.

Für die Juden in Deutschland ist dies ein erster Schritt in Richtung auf eine (vorerst negative) Kennzeichnung bzw. Stigmatisierung, da § 4 des gleichzeitig verabschiedeten Blutschutzgesetzes ihnen das Hissen der Reichs- und Nationalflagge verbietet!

Was das bedeutet, kann man nur ermessen, wenn man daran denkt, daß es im Hitler-Deutschland üblich war, bei zahllosen Gelegenheiten Häuser und Wohnungen mit Hakenkreuzfahnen zu beflaggen oder sonstwie die Zugehörigkeit zur Bewegung zum Ausdruck zu bringen. Juden konnten sich also nicht mehr hinter der Hakenkreuzfahne „verbergen" und Ruhe verschaffen. (1937 wird man ihnen folgerichtig den „Deutschen Gruß" verbieten.)

Der unbarmherzige Zynismus der Machthaber wird deutlich, wenn man § 4 des Blutschutzgesetzes im Zusammenhang liest: „Juden ist das Hissen der Reichs- und Nationalflagge und das Zeigen der Reichsfarben verboten. Dagegen ist ihnen das Zeigen der jüdischen Farben gestattet. Die Ausübung dieser Befugnis steht unter staatlichem Schutz."

Das Protokoll verzeichnet bei der Verlesung dieses Paragraphen durch Hermann Göring „schallendes Gelächter".[35]

1938

Mit dem Erlaß der Nürnberger Gesetze wird die Judenfrage vorerst von der Tagesordnung genommen. Selbst Streicher scheint zufriedengestellt. Am 4. Oktober 1935 erkärt er vor der Deutschen Arbeitsfront, daß die Judenfrage auf gesetzlichem Wege „Stück für Stück" gelöst werden müsse: „Wir schlagen keine Schaufenster ein und schlagen auch keinen Juden nieder. Wir haben das gar nicht nötig!"[36]

Sicher – aber was bleibt, nach 1935, zu lösen übrig? Die Juden sind längst aus allen Berufen herausgeworfen, aus Schulen und Universitäten verdrängt, vom Wehrdienst ausgeschlossen, durch die Rassengesetze vom „Volkskörper" isoliert und auf dem Weg in die vollständige Deklassierung.

Nur in der Wirtschaft haben sich die Juden wie in einem letzten Reservat halten können. Sie sind dort noch unentbehrlich. Der Versuch der Partei, die Juden in dieser Bastion anzugreifen, ist, wie wir gesehen haben, schon zweimal gescheitert.

Andererseits: die nächsten antisemitischen Maßnahmen, wann immer sie kommen, können nur den Wirtschaftssektor betreffen, wobei die Zeit gegen und nicht für die Juden arbeitet. Das wissen nicht nur die Juden in Deutschland, das weiß auch die deutsche Wirtschaft. Sie beginnt ab 1935 in zunehmendem Maße, Druck auf ihre jüdischen Geschäftspartner auszuüben und sie zum mehr oder weniger freiwilligen Verkauf ihrer Unternehmungen zu bewegen.[37]

Um den Wert der jüdischen Firmen zu drücken, versucht man zunächst, sie von ihren Kunden zu isolieren.

Schon auf der Schachtkonferenz vom 20. August 1935 hatten sich die anwesenden Minister (Schacht, Frick,

Gürtner, Krosigk, Rust) darauf geeinigt, daß öffentliche Aufträge von Reichsbehörden nicht mehr an jüdische Unternehmen vergeben werden sollten.

Dieser verdeckte Boykott wird wenig später auf Beamte ausgedehnt, indem sie für die Inanspruchnahme jüdischer Dienstleistungen (Arzt, Anwalt, Apotheke, Krankenkasse usw.) keine Beihilfe mehr erhalten. (Ganz selbstverständlich gilt für Parteimitglieder längst ein Verbot, in jüdischen Geschäften zu kaufen, das von der politischen Organisation unnachgiebig durchgesetzt wird. – So ist der Fall des Pg. Dr. Prelle bekannt geworden, der aus der Partei ausgestoßen und dem die Ausübung seines Notaramtes untersagt wurde, weil seine Frau ohne sein Wissen einige Ansichtskarten in einem jüdischen Geschäft gekauft hatte.)

Nach 1935 werden die jüdischen Produzenten zunehmend auch von ihren Zulieferern isoliert, etwa durch die Weigerung deutscher Lieferanten, an Juden zu verkaufen, durch Drosselung der Rohstoffkontingente von der Seite der Kartelle oder durch Reduzierung der staatlichen Devisenzuteilung.

Boykott- und Kontingentierungsmaßnahmen sowie die Erwartung weiterer Restriktionen führen dazu, daß der Wert jüdischer Firmen immer mehr absinkt. Es entsteht ein lebhafter „Markt" für jüdische Unternehmen und ein zunehmendes Kaufinteresse für geeignete „Objekte", wobei die Vermittlung im wesentlichen von den deutschen Banken vorgenommen wird, die an der Arisierung gleich dreifach verdienen können, durch Vermittlungsprovision, durch Kreditgewährung und durch Etablierung als „Hauptbankverbindung" des arisierten Unternehmens – sofern sie sich nicht entschließen, das „Objekt" selbst aufzukaufen.

Es versteht sich, daß die Banken keine Gelegenheit auslassen, hier ein florierendes Bankhaus, dort eine erlesene Industriebeteiligung zu vereinnahmen. Hilberg: „Alle deutschen Wirtschaftszweige beteiligen sich an der Beutejagd, doch die Banken waren bei weitem die Eifrigsten."[38]

Der Käuferdrang, das Gerangel um die besten Objekte führt dazu, daß die Preise wieder in die Höhe gehen und daß es zu „Überbewertungen" jüdischer Firmen kommt (Der Volkswirt). Die Industrie versucht, derartige Überbewertungen durch gezielte Absprachen einzudämmen. Entweder teilen sich mehrere Bewerber den „fetten Bissen" (Hilberg) oder das „Objekt" wird einem ausgesuchten Käufer zugeteilt.

Diese in ruhigen Bahnen laufende, diskret abgewikkelte Form der Arisierung, deren Nutzen allein die deutsche Privatwirtschaft hat, kann weder im Interesse der Partei noch des Staates liegen. Besonders Hermann Göring, als Beauftragter des Vierjahresplans für die gesamte Wirtschaft zuständig, muß Anstoß daran nehmen, daß die Arisierung am Staat, am „Reich" bisher vorbeigegangen ist. Die Tendenz, die Arisierung in eigene Regie der Partei und/oder des Staates zu übernehmen, liegt förmlich in der Luft.

Ein erster Schritt in diese Richtung ist der Rücktritt des widerspenstigen Wirtschaftsministers Schacht am 26. November 1937 und die Ernennung des bewährten Parteigenossen Walther Funk zu seinem Nachfolger. Für eine Übergangszeit wird Göring mit der Führung des Ministeriums beauftragt, was ihm Gelegenheit gibt, das RWM auf die Zwecke des Vierjahresplans umzustellen und praktisch zu seinem „Exekutivorgan" zu machen (Petzina).

Als Funk das Ministerium am 15. Januar 1938 übernimmt, wird er vor vollendete Tatsachen gestellt. Die wichtigsten Hauptabteilungen sind mit Görings Generälen (v. Hanneken, Löb), Beamten (Lange, v. Jagwitz) und sonstigen Vertrauensleuten (Kehrl, Schmeer) aus dem Bereich des Vierjahresplans besetzt.[39]

Gleichzeitig wird Funk von der Partei, besonders von Ley und Goebbels, unter Druck gesetzt, die Juden nun endlich aus der Wirtschaft auszuschließen.[40]

Indessen: Dem Wirtschaftsminister sind die Hände gebunden. Für eine zwangsweise Arisierung fehlt es nach wie vor an einer gesetzlichen Grundlage oder sonstigen Eingriffsnorm. So erschöpft sich seine Tätigkeit darin, ein Judenreferat (Schmeer) einzurichten und einige jüdische Wirtschaftsführer aus dem Bereich der Großbanken, der Schwerindustrie und der Warenhauskonzerne durch Abfindungsverträge dazu zu bringen, aus dem Wirtschaftsleben auszuscheiden.

Die „Entjudung" der deutschen Wirtschaft schleppt sich dahin, bis es Anfang 1938, durch den Anschluß Österreichs, zu einer ersten außerordentlichen Beschleunigung der Judenfrage kommt. Österreich muß in kürzester Zeit mit dem Altreich gleichgeschaltet werden. Hier sind in Monaten Entwicklungen nachzuholen, für die man im Altreich fünf Jahre Zeit hatte. Diese Akzeleration führt einerseits zu einer Aufladung und starken Verdichtung des „gefühlsmäßigen", revolutionären Antisemitismus mit starken Pogromstimmungen (aus Österreich haben wir noch die Bilder in Erinnerung, auf denen die Juden unter breitbeiniger Aufsicht von SA und SS die Bürgersteige säubern müssen).

Andererseits kann Österreich als Experimentator und Vorreiter für die nächsten Schritte in der Judenfrage gelten.

Göring, der mit Recht befürchtet, daß die Partei hier eine willkommene Gelegenheit sehen wird, sich auf Kosten der Juden zu bereichern, erklärt schon wenige Tage nach dem Anschluß, Wien müsse sowohl kulturell als auch wirtschaftlich wieder eine deutsche Stadt werden, wobei man die Juden „auf lange Sicht" nicht gebrauchen könne. Er beauftragt den Reichsstatthalter zusammen mit dem Reichsbevollmächtigten, in aller Stille die notwendigen gesetzlichen Maßnahmen für eine wirksame Eindämmung der jüdischen Wirtschaft, d.h. für eine Arisierung von Handel und Industrie vorzubereiten.[41]

Trotz aller Versuche Görings, die Arisierung in gesetzliche Bahnen zu lenken, wird Österreich das Objekt einer wilden und geradezu brutalen Arisierungswelle. Die neuen Herren stehen auf dem Standpunkt, daß die Arisierung Sache der *Partei* und in erster Linie zur Wiedergutmachung für alte Parteigenossen bestimmt sei. Die jüdischen Geschäftsinhaber werden – häufig mit nackter Gewalt – aus den Betrieben gejagt. An ihre Stelle treten fachlich ungeeignete Kommissare, die von der Partei, oft genug unter übelsten korruptiven Begleitumständen, eingesetzt werden (Kommissarwirtschaft!).

Es kommt auch vor, daß jüdische Unternehmer, die sich der Arisierung widersetzen, von der SA aus dem fahrenden Auto geworfen oder bei „Durchsuchungen" zu Tode getrampelt werden.

Diese wilde, ungesetzliche Arisierung ist für das NS-Regime gefährlich und kann in das Altreich unter keinen Umständen übernommen werden, ohne das Wirtschaftsgefüge zu destruieren. Das Fehlen einer gesetzlichen Regelung macht sich immer störender bemerkbar.

Göring, der unerschütterlich an seiner „staatsrechtlichen" Linie festhält, handelt jetzt schnell und entschlossen. Er erläßt noch im April 1938 eine Reihe von Verordnungen, die die spätere Zwangsarisierung vorbereiten:

– *Verordnung vom 22.4.1938*, die die Scheinübertragung bzw. Tarnung jüdischer Betriebe unter harte Strafe stellt.[42]

– *Verordnung vom 26.4.1938*, die es den Juden zur Pflicht macht, ihr Vermögen, sofern es RM 5000 übersteigt, anzumelden, und die Göring das Recht gibt, den Einsatz des anmeldepflichtigen Vermögens im Interesse der deutschen Wirtschaft „sicherzustellen" (!).[43]

– *Verordnung vom 26.4.1938*, wonach der Transfer eines Betriebes aus jüdischer in deutsche Hand der behördlichen Genehmigung bedarf und auch jede Neueröffnung eines jüdischen Betriebes genehmigungspflichtig wird.[44]

Diese Verordnungen haben ersichtlich den Zweck, die jüdischen Betriebe von Gesetzes wegen unter staatliche Kontrolle zu bringen und den späteren Zugriff auf sie zu eröffnen. Weitere Maßnahmen in dieser Richtung folgen bald. Mit der Dritten Verordnung zum Reichsbürgergesetz vom 14.6.1938 wird der Begriff des „jüdischen Gewerbebetriebes" geschaffen. Nach der extensiven Definition der Verordnung ist ein Betrieb nicht nur „jüdisch", wenn sein Inhaber oder gesetzlicher Vertreter jüdisch sind, sondern auch, wenn ein Mitglied des Vorstandes oder Aufsichtsrates Jude ist oder mehr als ein Viertel des Kapitals sich in jüdischer Hand befindet. Ferner werden der Reichswirtschaftsminister und der Stellvertreter des Führers (Heß) ermächtigt, eine besondere *Kennzeichnung* der jüdischen Gewerbebetriebe einzuführen.[45]

Noch am Tage der Veröffentlichung dieser weitreichenden Verordnung ergreift Innenminister Frick die Initiative und schlägt den beteiligten Ressorts (VJP, RWM, Finanzminister, Parteikanzlei, Sipo) die Einleitung von Zwangsarisierungen vor. Der Finanzminister kontert am 23.8.1938 in seinem Antwortschreiben: Wenn man schon Zwangstransaktionen jüdischen Eigentums anstrebe, solle man Fristen setzen, in denen sich die Juden von ihren Betrieben trennen könnten.[46]

Die Initiative des Innenministers droht wieder einmal in den Ressorts zu versanden. Es geschieht jedenfalls nichts, bis es durch einen weiteren Anstoß von außen zu einer zweiten Beschleunigung des Arisierungsprozesses kommt.

Die „glückliche“ Lösung der Sudetenkrise, die Rettung des Friedens durch das Münchener Abkommen hat, wie wir gesehen haben, Hitler zwar den Einmarsch in Prag verdorben, ihm aber auch außerordentlichen Handlungsspielraum verschafft und seine Aufmerksamkeit zwangsläufig auf die noch immer ungelöste *Judenfrage* gelenkt. Anders gesagt: Die programmatische Zusammenschaltung von Krieg und Judenfrage tritt jetzt ihre geschichtliche Stunde an, wird zum Bewegungsgesetz des NS-Regimes.

Am 14. Oktober 1938 kommt es im RLM zu einer Besprechung, in der Göring zunächst erklärt, daß er *Weisungen* für die Arbeit der nächsten Monate geben wolle: Der Führer habe ihn angewiesen, ein gigantisches Rüstungsprogramm durchzuführen. Hierbei stehe er vor ungeahnten Schwierigkeiten. Die Kassen seien leer, die fabrikatorischen Kapazitäten für Jahre ausgeschöpft. Jetzt sei für die Privatwirtschaft die Stunde der Bewährung gekommen. Wenn sie versage, werde er „rücksichtslos“ zur Staatswirtschaft übergehen. Ferner: *Die Judenfrage müsse jetzt mit allen Mitteln angefaßt werden, denn sie müßten aus der Wirtschaft raus!* Unter allen Umständen müßten wilde Aktionen wie in Österreich aufhören. Die Arisierung sei allein Sache des Staates. Er könne allerdings keine Devisen für den „Abschub“ der Juden ermöglichen. Notfalls müsse man Ghettos in den einzelnen Großstädten errichten.[47]

„Abschub“, „Ghetto“ – damit sind Stichworte gegeben, die unsere Aufmerksamkeit auf einen ganz anderen Aspekt der Judenfrage lenken, der sich in den Jahren der zunehmenden Diffamierung, Entrechtung und Auspowerung wie von selbst ergeben hat: Die Judenfrage als polizeiliches Problem, als Frage von Sicherheit und Ordnung – ein Bereich, der in die Zuständigkeit des Reichsführers SS und Chef der deutschen Polizei, Heinrich Himmler, fällt, genauer: In den Bereich der Sicherheitspolizei und des SD (Chef: Reinhard Heydrich!).

Heydrich hat die Judenfrage unter „polizei- und SS-mäßigen" Gesichtspunkten längst durchgespielt. Wenn die Juden ein Fremdkörper im deutschen Volk sind, dann müssen sie isoliert, besser noch entfernt werden. Das Credo der SS heißt deshalb ab 1935 zunächst und bis auf weiteres: Auswanderung! – Und zwar Auswanderung nach Palästina. Diese Pläne, im Bereich des SD entstanden, haben zur Einrichtung eines ersten Judenreferats und zur Entwicklung einer ganz neuen, außenpolitisch orientierten Haltung in der Judenfrage geführt, denn der „Export" der Juden ist naturgemäß vom guten Willen und von der Unterstützung der Aufnahmeländer abhängig.[48]

Diese strikte *Exportlinie* trifft, so merkwürdig es klingen mag, mit den Nationalisierungs- und Zentrierungsbestrebungen der Zionisten zusammen, so daß es zwischen dem SD und den zionistischen Organisationen zu einer engen Zusammenarbeit gekommen ist.

Die Zionisten haben in der Machtergreifung durch die Nationalsozialisten keineswegs ein Desaster, sondern die Chance des Juden gesehen, zu seinem Judentum zurückzukehren. Rabbiner Dr. Prinz: „Wir wünschen an die Stelle der Assimilation das Neue gesetzt: Das Bekenntnis zur jüdischen Nation und zur jüdischen Rasse." Dementsprechend hat die SS inzwischen die Taktik entwickelt, die Juden zu dissimilieren, in eine pro-zionistische Richtung zu drängen und für einen eigenen Staat zu gewinnen.

Am 15. Mai 1935 konnte man im „Schwarzen Korps" etwa folgendes lesen: „Die Zeit dürfte nicht mehr allzu fern sein, in der Palästina seine ... verlorenen Söhne wieder aufnehmen kann... Unsere Wünsche, verbunden mit staatlichem Wohlwollen, begleiten sie."[49]

Als es 1935 im Reich zu zahlreichen Pogromen, Verwüstungen und Sachbeschädigungen gekommen ist, hat das „Schwarze Korps" am 5. Juni 1935 unter der Schlagzeile „Ein Antisemitismus, der uns schadet", etwa folgendes geschrieben: „Die nationalsozialistische Bewegung und ihr Staat treten diesen verbrecherischen Machenschaften mit aller Energie entgegen. Die Partei duldet nicht, daß ihr Kampf für die heiligsten Güter der Nation zu Straßenaufläufen und Sachbeschädigungen umgefälscht wird."[50] (Dieses Zitat zeigt allerdings auch, daß es der SS mit der Reinhaltung der nordisch-germanischen Rasse äußerst ernst ist und daß sie ihre Maßnahmen der jeweiligen Situation unnachgiebig anpassen wird. Dementsprechend wird sich das Programm der Auswanderung unter Umständen blitzschnell in ein solches der Austreibung und – wenn auch eine solche nicht mehr möglich ist – in ein solches der Vernichtung verwandeln.)

1935 – 1937 allerdings ist die Zusammenarbeit zwischen der SS (genauer: dem SD) und etwa der zionistischen Geheimorganisation Hagana so eng, daß es zu gegenseitigen Einladungen kommt (Hagana-Kommandeure und Geheimdienstler in Berlin; der SD (Eichmann) nach Palästina!).[51]

Eine Intensivierung und erste Verschärfung dieser Auswanderungspolitik der SS ist durch den Anschluß Österreichs eingetreten. In Deutschland hatte es 1933 etwa 500.000 Juden gegeben. Diese Zahl hatte sich bis 1938 durch Auswanderung und natürliche Sterberate auf etwa 350.000 verringert. Durch den Anschluß Österreichs sind etwa 200.000 Juden hinzugekommen, so daß es nun in Großdeutschland mehr Juden als je zuvor gibt, davon jeweils 100.000 allein in den Städten Wien und Berlin.[52] Kein Wunder, daß jetzt die ersten Pläne zur Zwangsauswanderung entwickelt werden.

Eichmann wird beim Inspekteur der Sicherheitspolizei und des SD in Wien zum *Judenreferenten* bestellt, um die jüdische Auswanderung „mit allen Mitteln" voranzutreiben. Er richtet wenig später die erste „Zentralstelle für jüdische Auswanderung" ein, die es bis zum Herbst 1938 schafft, 45.000 Juden zur Auswanderung zu bringen.[53]

Die Maßnahmen in Österreich werden wenig später das Grundmuster für die Behandlung der Judenfrage in ganz Deutschland abgeben. Wie schon die exzessive Gewaltarisierung in Österreich und die Kommissarwirtschaft einen gesetzgeberischen Reflex im Altreich ausgelöst haben, so auch die Systematisierung der „Juden raus!"-Politik durch die Sicherheitspolizei und den SD.

Im Anschluß an und inneren Zusammenhang mit Görings Grundlagenverordnungen vom April 1938, die die Voraussetzungen für die „Entfernung" der Juden aus der deutschen Wirtschaft geschaffen haben, geht in der zweiten Jahreshälfte 1938 eine Erfassungswelle durch das Reich, die die Registrierung und (spätere) Kennzeichnung aller Juden zum Ziel hat.

Am 23. Juli 1938 erscheint eine Verordnung des RMdI und des Justizministers, mit der alle deutschen Juden aufgefordert werden, bis zum Jahresende unter Hinweis auf ihre Judeneigenschaft besondere *Kennkarten* zu beantragen und stets bei sich zu führen.[54]

Am 17. August 1938 folgt eine Verordnung, wonach die jüdischen Männer ihrem regulären Erstnamen den Zweitnamen „Israel", jüdische Frauen den Zweitnamen „Sara" hinzuzufügen haben, sofern sie nicht bereits einen der typischen Erstnamen tragen, die das Innenministerium in einer Liste aufgeführt hat (Beispiele: Faleg, Feiwel, Scharne oder: Beile, Scheine, Schlowe).[55]

Nach dem Anschluß Österreichs hatten sich übrigens zahlreiche Juden das deutsch-schweizerische Abkommen über die Aufhebung des Visumzwangs zunutze gemacht und waren, da ihr Paß die Judeneigenschaft nicht auswies, „unerkannt" in die Schweiz gekommen. Ende Juni 1938 hatte die schweizerische Bundespolizei gegen die Überflutung mit Wiener Juden protestiert, für die die Schweiz, wie es hieß, nicht mehr Verwendung als Deutschland habe.

In den Folgemonaten erhebt die Schweiz förmlichen Protest gegen die „Verjudung" des Landes und droht die Wiedereinführung des – nicht auf Juden beschränkten – Visumzwanges an.

Es wird ein Kompromiß gefunden. Am 5. Oktober 1938 ergeht eine Verordnung der Sicherheitspolizei: Die Reisepässe deutscher Juden mit mit einem großen roten J zu stempeln. Das Auswärtige Amt wird gebeten, auch die Pässe der im Ausland lebenden Juden bei nächster Gelegenheit entsprechend zu kennzeichnen.[56] Die Auswanderungspolitik der SS muß wie von selbst zu einer immer engeren Zusammenarbeit mit dem Auswärtigen Amt führen, denn sie kann nur gelingen, wenn durch einen streng geordneten Ablauf die Grenzen offengehalten und die Hilfsmittel der internationalen jüdischen Hilfsorganisationen weiterhin zur Verfügung stehen.

Diese strenge reglementierte und außenpolitisch orientierte SS-Politik führt aber auch im Innern wie von selbst zu Institutionen und Personen, für die die Lösung der Judenfrage eine Angelegenheit des Staates und nicht Sache der Partei ist, in erster Linie also zu Hermann Göring. Insoweit bleibt, jedenfalls für das Jahr

1938, festzuhalten, daß es in der Judenfrage eine Front Himmler/Heydrich-Göring-v.Ribbentrop gibt, die sich von der Linie Ley-Goebbels-Streicher meilenweit unterscheidet. (Eine größere Feindschaft als zwischen Himmler und Goebbels kann man sich nicht vorstellen. Sie wird allenfalls von der unüberwindlichen Abneigung Görings gegen Streicher übertroffen.)

Man kann die *Außenlinie* der Judenpolitik (VJP, RFSS, AA) etwa so charakterisieren: „Erst enteignen, dann vertreiben."

Diese legalistische Form der „Entjudung" hätte unter Umständen noch mehrere Jahre in Anspruch genommen, wenn es nicht Ende Oktober 1938 zu einer *dritten Beschleunigung* der Judenfrage gekommen wäre; dieses Mal aus einer ganz unerwarteten Richtung.

Wie das Auswärtige Amt im Oktober 1938 herausgefunden hat, sind nahezu 10% aller im deutschen Machtbereich lebenden Juden *polnischer* Nationalität. Diese 40-50.000 durchweg verarmten Juden kommen für eine Auswanderung kaum in Betracht. Sie müssen so bald wie möglich nach Osten in Bewegung gesetzt werden.[57]

Aber: Die reaktionäre polnische Regierung, an diesem Proletariat offensichtlich nicht interessiert, erläßt umgehend eine Verordnung, die den Inhabern polnischer Pässe nach dem 29. Oktober 1938 den Grenzübertritt nach Polen verwehrt.[58] Das Auswärtige Amt entschließt sich zum schnellen Gegenzug. Auf seine Veranlassung hin organisiert Heydrich die erste *Massendeportation* des Dritten Reiches.[59]

Noch am 28. Oktober 1938 erhalten etwa 17.000 Juden polnischer Staatsangehörigkeit eine polizeiliche Ausweisungsverfügung, werden in Eisenbahnzügen oder auf Lastwagen zusammengepfercht nach Posen transportiert und über die „grüne Grenze" verfrachtet, zumindest ins Niemandsland hineingetrieben, wo sie, von polnischen Maschinengewehren am Grenzübertritt gehindert, teilweise völlig desorientiert umherirren, bis sie – nach Intervention von amerikanischer Seite – nach Polen hereingelassen und in Grenzstädten provisorisch untergebracht werden.[60]

Zu den Opfern dieser Massenaktion gehört auch die Familie des Flickschneiders Sendel Grünspan (Grynszpan) aus Hannover. Am 3. November 1938 schreibt Beile Grünspan ihrem in Paris lebenden Bruder Herschel eine bewegende Postkarte über das Elend der Vertreibung.[61] Der siebzehnjährige polnische Jude Herschel Grünspan entschließt sich, seine Eltern zu rächen und löst damit ungewollt die größte Verfolgungswelle aus, die die Juden in Deutschland je getroffen hat.

Die Aktionswoche

Das Attentat

Am Morgen des 7. November 1938 kauft sich Herschel Grünspan einen Revolver, fährt zur Deutschen Botschaft und streckt dort den Legationssekretär Ernst vom Rath mit mehreren Schüssen nieder.

„Ein neuer Fall Gustloff" (VB) scheint sich anzubahnen. Am 4. Februar 1936 hatte der Student David Frankfurter den Leiter der schweizerischen Auslandsorganisation der NSDAP, Wilhelm Gustloff, in Davos erschossen.

Diesmal ist ein angesehener Berufsdiplomat, Parteigenosse seit 1932, SA-Mitglied von 1933, das Opfer eines „jüdischen Mordbubenstreiches" geworden (VB). Für Hitler und Goebbels ein hochwillkommener „casus belli". Unmittelbar nach Bekanntwerden des Attentats schickt Hitler zwei Ärzte, darunter seinen Leibarzt Dr. Brandt, „zur Konsultation und direkten Berichterstattung" nach Paris.[1]

Noch am Tage des Attentats erfolgt ein Rundruf des offiziellen Deutschen Nachrichtenbüros (DNB), in dem vorausgesagt wird, daß es zu „spontanen" Gewalttätigkeiten kommen werde. Die Redakteure werden angewiesen, die Nachricht auf der ersten Seite in großer Aufmachung zu bringen:

„In eigenen Kommentaren ist darauf hinzuweisen, daß das Attentat des Juden die schwersten Folgen für die Juden haben muß ... In Ausdrücken, die der Empörung des deutschen Volkes entsprechen, kann festgestellt werden, daß die jüdische Emigrantenclique, die schon Frankfurter den Revolver in die Hand drückte, auch verantwortlich für dieses Verbrechen sei."[2]

Die Presse verliert keine Zeit, die Instruktionen auszuführen. Am 8. November 1938 schreibt die „Deutsche Allgemeine Zeitung":

„Man muß erwarten, daß sich die schwersten Konsequenzen für die Juden in Deutschland ergeben werden"[3]

und im „Völkischen Beobachter" heißt es in einem Kommentar:

„Es ist klar, daß das deutsche Volk aus dieser neuen Tat seine Folgerungen ziehen wird. Es ist ein unmöglicher Zustand, daß in unseren Grenzen Hunderttausende von Juden noch ganze Ladenstraßen beherrschen, Vergnügungsstätten bevölkern und als ‚ausländische' Hausbesitzer das Geld deutscher Mieter einstecken, während ihre Rassegenossen draußen zum Krieg gegen Deutschland auffordern und deutsche Beamte niederschießen. Die Linie von David Frankfurter zu Herschel Grynszpan ist klar gezeichnet."[4]

An diesem Tage kommt es in verschiedenen kleineren Orten des Reiches zu Ausschreitungen, die regelmäßig damit beginnen, daß der Ortsgruppenleiter, der zumeist auch Bürgermeister ist, eine öffentliche Versammlung einberuft und eine Hetzrede gegen die Juden hält. Im Anschluß daran werden Synagogen angezündet, jüdische Geschäfte und Wohnungen zerstört und geplündert, oft auch Juden mißhandelt.[5]

Am 9. November 1938 setzt der „VB" noch einmal nach: Es sei das Recht des deutschen Volkes, die Juden in Deutschland mit dem Attentat zu identifizieren: „Die Schüsse von Paris bleiben nicht ungesühnt, davon kann die Judenheit überzeugt sein!"[6]

An diesem Tag findet in München der traditionelle „Opfergang" zur Feldherrenhalle statt, mit dem die alten Kämpfer der NSDAP des mißlungenen Putsches von 1923 gedenken. Alles, was in der Bewegung Rang und Namen hat, ist hier zu finden.

Der Marsch endet mit einer „Weihestunde" auf dem Königlichen Platz. Die SS-Standarte Deutschland zieht vor dem Führer auf. Die Wachparole heißt in diesem Jahr: „Großdeutschland".[7]

Am Nachmittag des 9. November 1938 erliegt Ernst vom Rath, der vom Führer noch auf dem Krankenbett zum Gesandtschaftsrat I. Klasse befördert worden ist, seinen Verletzungen. Als Hitler hiervon am frühen Abend in seiner Privatwohnung erfährt, erteilt er Goebbels in einem Wutanfall und gegen die Bedenken der Anwesenden den Befehl, noch in dieser Nacht eine „spontane" Vergeltungsaktion zu entfesseln, bei der sich die SA „einmal austoben" solle. Die Partei dürfe als Urheberin der Ausschreitungen nicht in Erscheinung treten.[8]

Am Abend versammelt sich die Führerschaft der NSDAP zu einem „kameradschaftlichen Beisammensein" im Festsaal des alten Rathauses in München. Nach dem Abendessen erscheint ein Bote, der Hitler etwas zuflüstert. Hitler beugt sich zu dem neben ihm sitzenden Dr. Goebbels und redet lange und eindringlich auf ihn ein; derart leise, daß Hitlers persönlicher Begleiter, SS-Obergruppenführer von Eberstein, Polizeipräsident von München, nichts verstehen kann.[9] Gegen 22.00 Uhr verläßt Hitler mit seinem Begleiter das

Rathaus, ohne seine übliche Rede zu halten. Hitler begibt sich in seine Privatwohnung, während von Eberstein zum Odeonsplatz weiterfährt, wo er die Sicherheits- und Absperrungsmaßnahmen für die mitternächtliche Vereidigung der SS-Rekruten zu leiten hat.

Nachdem Hitler gegangen ist, gibt Dr. Goebbels den Anwesenden bekannt, daß Ernst vom Rath am Nachmittag seinen Verletzungen erlegen sei und daß nun etwas geschehen müsse. Die Schüsse von Paris hätten das ganze deutsche Volk getroffen, sie dürften nicht ungesühnt bleiben. Das deutsche Volk werde an der Judenheit Rache nehmen. Im Reich sei es bereits zu judenfeindlichen Ausschreitungen gekommen; es seien vielerorts jüdische Geschäfte zertrümmert und Synagogen in Brand gesetzt worden. Ganz Deutschland rufe nach Sühne. Der Führer habe auf seinen Vortrag entschieden, daß derartige Demonstrationen von der Partei weder vorzubereiten, noch zu organisieren seien. Soweit sie „spontan" entstünden, sei ihnen aber auch nicht entgegenzutreten!

Was Goebbels im Einzelnen ausführt, ist nicht überliefert. Jedenfalls versteht er es, derart „bedeutungsvoll" zu sprechen, daß bei den Anwesenden der Eindruck entsteht, als werde hier ein Führerbefehl zu organisierten Gewaltaktionen erteilt.

In einem späteren Bericht des obersten Parteirichters der NSDAP über die „judengegnerischen Aktionen am 9./10. November 1938" heißt es: „Die mündlich gegebenen Weisungen des Reichspropagandaleiters sind wohl von sämtlichen anwesenden Parteiführern so verstanden worden, daß die Partei nach außen nicht als Urheber der Demonstrationen in Erscheinung treten, sie in Wirklichkeit aber organisieren und durchführen sollte."[10]

In der Tat: Nachdem Goebbels gegen 22.30 Uhr den

Kameradschaftsabend verlassen hat, geben die versammelten Gauleiter und Gaupropagandaleiter entsprechende Anweisungen an ihre Dienststellen, die von dort zu den Kreisleitungen (und Landräten) und von diesen zu den Ortsgruppen (und Bürgermeistern) durchgegeben werden.[11]

Während die Politischen Leiter an die Telefone eilen, versammelt der Stabschef der SA, Viktor Lutze, die anwesenden SA-Obergruppenführer und Gruppenführer, um sie entsprechend zu instruieren. Die SA-Führer begeben sich in ihr Quartier (Hotel „Rheinischer Hof") und geben von hier zwischen 23 und 24 Uhr die Befehle per Telefon an ihre Gruppen. Von dort laufen die Weisungen über die Brigaden zu den Standarten, die alsdann die SA-Stürme in Bewegung setzen.

Der von Goebbels „absichtlich unklar gegebene Befehl" erhält durch das unterschiedliche Selbstverständnis der Befehlsgeber wie der Befehlsempfänger die eigenartigsten Stoßrichtungen und droht im Laufe der Nacht außer Kontrolle zu geraten. Die Politischen Leiter sind kaum in der Lage, die spontanen Ausschreitungen im Sinne des Hitler/Goebbels-Plans konspirativ in Szene zu setzen. In den meisten Fällen trommeln sie nach Eingang der Befehle alle erreichbaren Parteigenossen zusammen und schicken sie geschlossen zum Einsatz.

Besonders verhängnisvoll wirkt sich der „unklare" Befehl in den Reihen der SA aus. Die SA kann mit Andeutungen und Hinweisen nichts anfangen. Sie ist gewohnt, befehlsgemäß zu handeln, d.h. loszuschlagen, und wartet im übrigen schon lange auf ihre Bewährungsprobe.

Die von den SA-Führern durchgegebenen Befehle sind dementsprechend zackig und überhaupt nicht mehr verschleiert. Ein typischer Einsatzbefehl ist der von der SA-Gruppe Kurpfalz, Mannheim, an die SA-Brigade 50 (Starkenburg) in Darmstadt ausgegebene: „Auf Befehl des Gruppenführers sind sofort innerhalb der Brigade 50 sämtliche jüdischen Synagogen zu sprengen oder in Brand zu setzen. Nebenhäuser, die von arischer Bevölkerung bewohnt werden, dürfen nicht beschädigt werden. Die Aktion ist in Zivil auszuführen. Meutereien oder Plünderungen sind zu unterbinden. Vollzugsmeldungen bis 8.30 Uhr an Brigadeführer oder Dienststelle."[12]

Wesentlich ausgreifender ist der Befehl, den der Führer der SA-Gruppe Nordsee aus München per Telefon durchgibt: „Sämtliche jüdischen Geschäfte sind sofort von SA-Männern in Uniform (!) zu zerstören... Die Presse ist heranzuziehen. Jüdische Synagogen sind sofort in Brand zu stecken, jüdische Symbole sind sicherzustellen. Die Feuerwehr darf nicht eingreifen. Es sind nur Wohnhäuser arischer Deutscher zu schützen von der Feuerwehr... Die Polizei darf nicht eingreifen. Der Führer wünscht, daß die Polizei nicht eingreift. Sämtliche Juden sind zu entwaffnen. Bei Widerstand sofort über den Haufen schießen."[13]

Bei derart eigenmächtigen Erweiterungen ist es kein Wunder, daß sich die Befehle auf dem Weg von oben nach unten aufladen und vom eigentlichen Ziel der Aktion immer mehr entfernen. So entwickelt sich zwischen der Standarte 411 (Wesermünde) und dem Sturmhauptführer K., Bürgermeister von Lesum, folgendes Gespräch:[14]

> S. „Hier Standarte 411. Am Telefon Truppführer S. Haben Sie schon Befehl?"
> K. „Nein."
> S. „Großalarm der SA in ganz Deutschland. Vergeltungsmaßnahmen für den Tod von vom Rath. Wenn der Abend kommt, darf es keine Juden mehr in Deutschland geben.

Auch die Judengeschäfte sind zu vernichten. Sturmbannführer R. ist zu benachrichtigen!"
K. (nachdem er den Befehl wiederholt hat): „Was soll denn tatsächlich mit den Juden geschehen?"
S. „Vernichten!"

K. verständigt sofort seinen Sturmbannführer, der sich bei der SA-Gruppe Bremen vergewissern will.

R. „Ich habe hier so einen verrückten Befehl, hat das mit dem seine Richtigkeit?"
G. „Jawohl, in Bremen ist schon die Nacht der langen Messer im Gange. Die Synagoge brennt bereits!"

Der Lesumer SA-Sturm will nicht zurückstehen. Drei Juden werden in der Nacht erschossen.

Im ostpreußischen Neidenburg sagt der Kreisleiter zu den SA-Leuten bei der Befehlsausgabe: „Ihr braucht die Juden nicht so sanft anzufassen!" Aus der Gruppe kommt der Ruf: „Blut ist geflossen, Blut muß fließen!", während SA-Dolche demonstrativ geschärft werden. Zwei Juden werden erstochen, mehrere durch Messerstiche schwer verletzt.[15]

Diese Entwicklung war vorauszusehen. Im Bericht des obersten Parteirichters heißt es: „So hat eine Reihe von Unterführern die an sie mündlich oder fernmündlich gelangten, nicht immer sehr glücklich formulierten Befehle – z.B.: Nicht der Jude Grünspan, das ganze Judentum trage die Schuld an dem Tod des Pg. vom Rath, das deutsche Volk nehme infolgedessen Rache am gesamten Judentum, im ganzen Reiche brennten die Synagogen, jüdische Wohnungen und Geschäfte seien zu verwüsten, ...die Aktion werde auf Befehl des Führers durchgeführt, die Polizei sei zurückgezogen, Pistole sei mitzubringen, bei geringstem Widerstand sei rücksichtslos von der Waffe Gebrauch zu machen, als SA-Mann müsse nun jeder wissen, was er zu tun habe usw. – so verstanden, daß nun für das Blut des Pg. vom Rath Judenblut fließen müsse, daß es jedenfalls nach dem Willen der Führung auf das Leben eines Juden nicht ankomme."[16]

Das ist in der Tat die Auffassung von Goebbels. Als ihm um 2 Uhr der erste Totschlag eines polnischen Juden gemeldet wird, erklärt er, man solle sich wegen eines toten Juden nicht aufregen. In den nächsten Tagen würden Tausende Juden „daran glauben" müssen.[17]

Während sich die SA auf allerhöchsten Befehl austobt, befinden sich SS, Gestapo und SD noch in Ruhestellung, wenn nicht im Zustand (relativer) Ahnungslosigkeit.

Heydrich hält sich mit höheren SS-Führern im SS-Quartier Hotel „Vier Jahreszeiten" auf, als er um 23.15 Uhr von ersten Ausschreitungen erfährt. Die Stapoleitstelle München meldet, daß die Gaupropagandaleitung München-Oberbayern einen Befehl zum „Judenpogrom" durchgegeben habe, wonach die Gestapo nicht hindernd eingreifen dürfe. Der Führer vom Dienst bittet um Befehle. Heydrich ist irritiert. Er schickt SS-Gruppenführer Karl Wolff zu Himmler, der sich in Hitlers Privatwohnung aufhält.[18]

Auch Himmler ist von der Meldung seines Stabschefs überrascht und fragt den Führer, welche Befehle er für ihn habe. Hitler erklärt, daß sich die SS aus der anlaufenden Aktion heraushalten solle. Alsdann erteilt er genaue Weisungen für den (späteren!) Einsatz von SS, Sipo und SD, die Himmler zunächst nicht weitergeben kann, da er noch vor Mitternacht zur Vereidigung der SS-Rekruten vor der Feldherrenhalle eintreffen muß.[19] Auch der zufällig anwesende SS-Gruppenführer Wolff kann nicht „hindernd eingreifen“, da er von Hitler kurzerhand die Aufgabe erhält, ihn zur nächtlichen Weihestunde zu begleiten.[20] (Die Zeremonie ist im „VB“ ausführlich beschrieben). Die im Hotel „Vier Jahreszeiten“ versammelte SS-Führung bleibt ohne Nachricht und muß warten.

Möglicherweise haben Himmler oder Wolff noch Gelegenheit gehabt, in Berlin anzurufen, denn schon kurz vor Mitternacht setzt SS-Standartenführer Müller aus dem Geheimen Staatspolizeiamt folgendes Fernschreiben ab:[21]

Berlin Nr. 234 404 9.11. 23,55

An alle Stapo-Stellen und Stapoleitstellen – An Leiter oder Stellvertreter

Dieses FS ist sofort auf dem schnellsten Wege vorzulegen.

1. Es werden in kürzester Frist in ganz Deutschland Aktionen gegen Juden insbesondere gegen deren Synagogen stattfinden. Sie sind nicht zu stören. Jedoch ist im Benehmen mit der Ordnungspolizei sicherzustellen, daß Plünderungen und sonstige Ausschreitungen unterbunden werden können.

2. Sofern sich in Synagogen wichtiges Archivmaterial befindet, ist dieses durch eine sofortige Maßnahme sicherzustellen.

3. Es ist vorzubereiten die Festnahme von etwa 20-30 000 Juden im Reiche. Es sind auszuwählen vor allem vermögende Juden. Nähere Anordnungen ergehen noch im Laufe dieser Nacht.

4. Sollten bei den kommenden Aktionen Juden im Besitz von Waffen angetroffen werden, so sind die schärfsten Maßnahmen durchzuführen. Zu den Gesamtaktionen können herangezogen werden Verfügungstruppen der SS sowie Allgemeine SS. Durch entsprechende Maßnahmen ist die Führung der Aktionen durch die Stapo auf jeden Fall sicherzustellen.

Zusatz für Stapo Köln:
In der Synagoge Köln befindet sich besonders wichtiges Material. Dies ist durch schnellste Maßnahmen im Benehmen mit SD sofort sicherzustellen.

Gestapa II Müller
Dieses FS ist geheim

Himmler kehrt gegen 1 Uhr in das Hotel „Vier Jahreszeiten" zurück und kann jetzt endlich die von Hitler empfangenen Befehle an Heydrich und an die versammelten SS-Oberabschnittführer weitergeben. Während diese zwischen 1.30 Uhr und 2.30 Uhr ihre Dienststellen in Blitzgesprächen instruieren, setzt Heydrich um 1.20 Uhr über die Fernschreibstelle von Stapoleit München folgendes Blitzfernschreiben ab:[22]

Blitz München 47767/10.11.38/0120

Geheim

An alle

Staatspolizeileit- und Staatspolizeistellen

An alle

SD-Oberabschnitte und SD-Unterabschnitte.

Dringend! Sofort dem Leiter oder seinem Stellvertreter vorlegen!
Betrifft:
Maßnahmen gegen Juden in der heutigen Nacht.
Aufgrund des Attentats gegen den Leg.Sekretär vom Rath in Paris sind im Laufe der heutigen Nacht – 9. auf 10.11.1938 – im ganzen Reich Demonstrationen gegen die Juden zu erwarten. Für die Behandlung dieser Vorgänge ergehen die folgenden Anordnungen:

1) Die Leiter der Staatspolizeistellen oder ihre Stellvertreter haben sofort nach Eingang dieses Fernschreibens mit den für ihren Bezirk zuständigen politischen Leitungen – Gauleitung oder Kreisleitung – fernmündlich Verbindung aufzunehmen und eine Besprechung über die *Durchfüh-*

rung der Demonstrationen (!) zu vereinbaren, zu der der zuständige Inspekteur oder Kommandeur der Ordnungspolizei zuzuziehen ist. In dieser Besprechung ist der politischen Leitung mitzuteilen, daß die Deutsche Polizei vom Reichsführer SS und Chef der Deutschen Polizei die folgenden Weisungen erhalten hat, denen die Maßnahmen der politischen Leitungen zweckmäßig anzupassen wären: Es dürfen nur solche Maßnahmen getroffen werden, die keine Gefährdung deutschen Lebens oder Eigentums mit sich bringen (z.B. Synagogenbrände nur, wenn keine Brandgefahr für die Umgebung vorhanden ist), Geschäfte und Wohnungen von Juden dürfen nur zerstört, nicht geplündert werden....

2) Unter der Voraussetzung, daß die unter 1) angegebenen Richtlinien eingehalten werden, sind die stattfindenden Demonstrationen von der Polizei nicht zu verhindern, sondern nur auf die Einhaltung der Richtlinien zu überwachen.

3) ....

4) Die Leitung der sicherheitspolizeilichen Maßnahmen hinsichtlich der Demonstrationen gegen Juden liegt bei den Staatspolizeistellen, soweit nicht die Inspekteure der Sicherheitspolizei Weisungen erteilen. Zur Durchführung der sicherheitspolizeilichen Maßnahmen können Beamte der Kriminalpolizei sowie Angehörige des SD, der Verfügungstruppe und der allgemeinen SS zugezogen werden.

5) Sobald der Ablauf der Ereignisse dieser Nacht die Verwendung der eingesetzten Beamten hierfür zuläßt, sind in allen Bezirken so viele Juden – insbesondere wohlhabende – festzunehmen, als in den vorhandenen Hafträumen untergebracht werden können. Es sind zunächst nur gesunde männliche Juden nicht zu hohen Alters festzunehmen. Nach Durchführung der Festnahme ist unverzüglich mit den zuständigen Konzentrationslagern wegen schnellster Unterbringung der Juden in den Lagern Verbindung aufzunehmen.

6) Der Inhalt dieses Befehls ist an die zuständigen Inspekteure und Kommandeure der Ordnungspolizei und an die SD-Oberabschnitte und SD-Unterabschnitte weiterzugeben mit dem Zusatz, daß der Reichsführer SS und Chef der Deutschen Polizei diese polizeiliche Maßnahme angeordnet hat. Der Chef der Ordnungspolizei hat für die Ordnungspolizei einschließlich der Feuerlöschpolizei entsprechende Weisungen erteilt. In der Durchführung der angeordneten Maßnahmen ist engstes Einvernehmen zwischen der Sicherheitspolizei und der Ordnungspolizei zu wahren.

Der Empfang dieses Fernschreibens ist von den Stapoleitern oder deren Stellvertretern durch FS an das Geheime Staatspolizeiamt – z.Hd. SS-Standartenführer Müller – zu bestätigen.

gez.Heydrich,
SS-Gruppenführer

Der Versuch, die Ausschreitungen „polizeimäßig" in den Griff zu bekommen, will nicht mehr gelingen. Goebbels „unklarer Befehl" hat zu diesem Zeitpunkt bereits im ganzen Reich einen Sturm von Brandstiftungen und Zerstörungen, Raubzügen und Plünderungen, aber auch von Mord, Totschlag, von schweren Mißhandlungen und sexuellen Ausschreitungen entfesselt, wobei die großen Zerstörungs-, Plünderungs- und Verhaftungswellen naturgemäß nicht bis zum Morgengrauen erledigt sind, sondern noch den nächsten Tag in Anspruch nehmen.

Spätere Augenzeugenberichte, beliebig herausgegriffen, zeigen, wie die spontane Volkserhebung aussieht.[23]

Hamburg:
Gegen 2 Uhr nachts setzen sich Kolonnen „schlagartig" in Bewegung. Die zu je sechs Mann eingeteilten Kolonnen trugen je ein Schild, auf dem die Namen der jüdischen Geschäfte standen, die geplündert werden sollten. Am

neuen Wall, dem schönsten Geschäftsviertel Hamburgs, wurde kein Geschäft verschont. Im Hause Robinson wurden Dutzende von großen Schaufenstern eingeschlagen, die Schaufenster ausgeräumt und Pelze im Werte von 1/2 Million ins Wasser geworfen oder gestohlen. Die Polizei stand dabei und sagte nichts. Ich sah, wie ein Japaner photographieren wollte. Er wurde von der Polizei verhaftet.

Das Haus Gebrüder Hirschfeld wurde total demoliert. Auch hier mußten Dutzende von Schaufenstern daran glauben. Als am 10. November das Personal in das von bestialischer Hand zertrümmerte Haus ging, wurden sämtliche jüdische Angestellten verhaftet. Die Polizeiwagen rasten überhaupt am 10. durch die Stadt, und man verhaftete alle männlichen Juden zwischen 18 und 60 Jahren, soweit man sie erwischen konnte. Die Verhafteten wurden sofort nach Berlin transportiert.

Aachen

Um 3 1/2 Uhr morgens gab der Brandmeister J. einigen Oberfeuerwehrleuten den Befehl, sich in Zivil zu kleiden und marschfertig zu machen. Äxte wurden in den Wagen gelegt. Darauf ging die Fahrt zur Polizeiwache. Hier wartete schon der Polizeipräsident Zenner. Der Brandingenieur Schneider gab die Instruktionen zum Anzünden der Synagoge in der Promenadenstraße.

Dort traf gegen 3.45 Uhr das „Volk" ein, nämlich der Herr Oberbürgermeister Jansen, Kreisleiter der NSDAP, der zweite Bürgermeister Schmeer, der Polizeipräsident, der Brandingenieur, Kriminalbeamte, außerdem verschiedene Polizisten in Zivil. Rund um den Brandplatz standen Lastwagen mit SS- und SA-Leuten.

Um 4 Uhr wurde dann die Synagoge kunstgerecht in Brand gesteckt. Der Anführer war kein anderer als der Brandingenieur Schneider, der sicher das meiste von solchen Sachen verstand.

Daß bei der Gelegenheit kräftig geklaut wurde, versteht sich von selbst. Aber nicht nur beim Synagogenbrand, sondern auch bei den nachfolgenden weiteren Aktionen. Der Polizeipräsident nahm sich wertvolle Bücher aus der

Bibliothek mit. Brandmeister Fischer und Feuerwehrmann Heuschen, sowie Feuerwehrmann Köhler, alles tüchtige SS- und SA-Leute, wurden von der Kriminalpolizei mit Stoffballen erwischt.

Danzig
In der gleichen Nacht wurden nicht nur die Fensterscheiben sämtlicher jüdischer Geschäfte zertrümmert, sondern mit Äxten und Beilen sogar die Fensterrahmen zerschlagen. Ich sah beispielsweise, wie in dieser Nacht das Radiogeschäft von Lipetz völlig demoliert wurde. Die Schupo stand in etwa 10 Meter Entfernung. Die Waren, die sich in den Fenstern befanden, Radio-Apparate, Radioartikel, elektrische Apparate usw. wurden ausgeräumt und meist mit Beilen zerhackt, zum Teil aber auch in Säcke gesteckt und mitgenommen. Dann zertrümmerte man mit Äxten die Ladentür und die Ausstellungsgegenstände, die unmittelbar hinter der Tür standen. Eine ähnliche Arbeit wurde in der ganzen Stadt geleistet. Die Banditen hatten meist „Räuberzivil" an, zum Teil trugen sie jedoch auch Uniformen der SA oder der HJ.

Hindenburg (Oberschlesien)
Noch während die Hindenburger Synagoge brannte, zogen Trupps von je 4 bis 6 SS-Leuten in jüdische Geschäfte, zunächst in die Glashütte und das große Porzellangeschäft von Eisner, das kurz und klein geschlagen wurde. Der Wert der dort zertrümmerten Waren wird auf 150 000 RMk geschätzt. Gewöhnlich begaben sich 2 SS-Leute mit einem Polizisten in die Privatwohnung der Kaufleute, forderten die Schlüssel vom Geschäft, und wenn das Geschäft bereits „fertig" war, kam die Privatwohnung dran. Übereinstimmend wird berichtet, daß gewöhnlich nicht ein einziger Gegenstand ganz geblieben ist: Teppiche und Kleider, Betten und sämtliche Wäsche sind zerrissen und zerschnitten, kurz, alles ist vernichtet worden. Und so ging es Straße um Straße.

Besonders viel gibt es für die Volksgemeinschaft in Berlin zu tun, in das die NS-Führung am Morgen des 10. November 1938 zurückkehrt. Die „Neue Zürcher Zeitung“ berichtet aus der Reichshauptstadt: „Unter den mehr als tausend jüdischen Ladengeschäften der Viermillionenstadt gibt es kein einziges, das nicht in einen Trümmerhaufen verwandelt ist. In einem Radiogeschäft konnte man zusehen, wie Männer, die mit regelrechten Keulen ausgerüstet waren, auf die teuren Apparate einhämmerten. Andere Kolonnen schwangen Feuerhaken, Stemmeisen und Gardinenstangen. In dem Getöse der aufgebrochenen Rolläden, krachenden Spiegel und umgestürzten Möbel, in das sich kreischender Jubel mischte, flogen kostbare Standuhren, Gemälde, Porzellan und Antiquitäten aufs Pflaster.“[24]

Der „Antisemitismus der Straße“ ist, vorhersehbar oder nicht, in exzessiver Weise ausgeufert und außer Kontrolle geraten. Der offene Straßenterror, die sichtbaren Zerstörungen und Plünderungen, das alles läuft dem politischen Konzept der SS, besonders der Sicherheitspolizei und dem SD strikt zuwider. Heydrich, der am 10.11.1938 ebenfalls nach Berlin zurückgekehrt ist, jagt seinem nächtlichen Befehl noch drei Blitzfernschreiben hinterher, um jedenfalls die Plünderungswellen einzudämmen.[25] Vergeblich – gerade in Berlin dient der „gerechte Volkszorn“ offenbar in erster Linie der privaten Bereicherung.

Augenzeugen berichten:[26]

> Als ich am Donnerstagvormittag Unter den Linden am Hotel Bristol vorbeikam, war man gerade im Begriff, die Juwelen- und Goldwarengeschäfte von Markgraf und Posner zu zerstören. Ein riesiger Glaslüster, der von der Decke hing, wurde zertrümmert, die Sachen wurden auf die Straße geworfen, und man konnte beobachten, wie Leute

sehr eilig zu den in der Nähe haltenden Taxis liefen und abfuhren, während andere mit dem Auto angefahren kamen, ausstiegen und nach kurzer Zeit wieder davonfuhren ...

Die Aktion wurde unter Mitwirkung des NSKK durchgeführt, das mit dem Wagen von Laden zu Laden fuhr. Außer SS-und SA-Leuten waren in Berlin auch HJ-Mitglieder beteiligt.

An Plünderungen in der Königstraße in der Nähe des Rathauses beteiligte sich auch ein 13jähriger Hitler-Junge in Uniform. Er wurde von einer vorübergehenden Frau aufgefordert, die entwendeten Sachen wieder zurückzulegen oder sie abzuliefern. Daraufhin gab er zur Antwort: „Sie haben mir gar nichts zu sagen. Ich bin im Dienst!"

Goebbels, als einer der ersten nach Berlin zurückgekehrt, ist begeistert. In seinem Stab äußert er sich privat: „Da haben sich die kleinen Leute von Berlin endlich wieder mal ordentlich ausstatten können. Sie hätten sehen sollen, wie sie das genossen haben. Damenpelze, Teppiche, kostbare Stoffe, alles gab es umsonst. Die Menschen waren begeistert – ein großer Erfolg für die Partei."[27]

Das ist, wie sich bald herausstellen wird, ein folgenschwerer Irrtum.

Als Reichswirtschaftsminister Funk am Morgen des 10. November 1938 auf der Fahrt ins Ministerium die schlimmen Verwüstungen sieht, ist er entsetzt. Er versucht vergeblich, Göring oder Himmler zu erreichen und bekommt schließlich Goebbels an das Telefon: „Sind Sie verrückt geworden, Goebbels, solche Schweinereien zu machen? Man muß sich schämen, ein Deutscher zu sein. Das ganze Ansehen im Ausland geht verloren. Ich bemühe mich Tag und Nacht, das Volksgut zu erhalten, und Sie werfen es mutwillig aus dem Fenster."[28]

Funk hat damit die Kernpunkte aller späteren Kritik

berührt: Die verheerende Rückwirkung des Pogroms im Ausland und die vollkommen sinnlose Zerstörung wertvoller, unersetzlicher Wirtschaftsgüter.

Die „Neue Zürcher Zeitung" legt den Finger in die Wunde: „Manchem wird das Rätsel zu schaffen machen, daß es in Deutschland staatlich geförderte Organisationen gibt, die mit Feuereifer Knochen, Fischabfälle, leere Sardinenbüchsen, Kaffeesatz und Lumpen sammeln, daß mittendrin aber eine Walpurgisnacht veranstaltet wird, bei der die größten und schönsten Sachwerte in tausend Stücke zerkrachen."[29]

Damit ist Hermann Göring auf den Plan gerufen. Er hat am Kameradschaftsabend in München nicht teilgenommen, sondern ist in seinem Sonderzug nach Berlin zurückgefahren. Schon im Zug hat ihm der Schaffner gesagt, er habe unterwegs, in Halle, Brände gesehen. In Berlin läßt sich Göring von seinem Adjutanten über die Ausschreitungen unterrichten und fordert von Heydrich einen Lagebericht an. Alsdann begibt er sich zu Hitler, um Front gegen Goebbels zu machen: Es sei für ihn unmöglich, daß derartige Vorgänge gerade jetzt geschähen. Er gebe sich die größte Mühe, im Vierjahresplan die Wirtschaft auf das Äußerste zu konzentrieren. Er hätte das Volk in Ansprachen aufgefordert, jede alte Zahnpastatube, jeden rostigen Nagel zu sammeln und zu verwenden. Es sei ganz unmöglich, daß nun ein Mann, der hierfür keine Verantwortung trage, seine schwere wirtschaftliche Aufgabe störe.[30]

Hitler zeigt sich „einsichtig". Goebbels gelingt es indessen, den Führer wieder umzustimmen. Als Göring am Nachmittag erneut bei Hitler erscheint, ist dieser wie verwandelt und blockt jede Kritik an Goebbels ab, der während der Unterredung prompt auf der Bildfläche erscheint und seine üblichen antisemitischen Register zieht.

Über eine Tatsache kann auch er nicht hinwegsehen. Die „Aktion" hat der deutschen Volkswirtschaft enormen Schaden zugefügt. Aber Dr. Goebbels weiß Rat. Er schlägt Hitler vor, den Juden eine Buße von astronomischer Höhe aufzuerlegen, mit der die Partei ihre Kassen füllen möge.

Göring erkennt die Sprengkraft dieses Vorschlages, aus der Goebbels als Gauleiter von Berlin den größten Vorteil ziehen würde. Er legt gegen die vorgeschlagene Verwendung der Buße Protest ein und kann bei Hitler eine „staats- und reichsrechtliche" Lösung durchsetzen, wie sie in seiner späteren geheimen Anordnung vom 10.12.1938 prägnanten Ausdruck gefunden hat:[31]

> I (1)Die Ausschaltung der Juden aus dem Wirtschaftsleben ist *Aufgabe des Staates*...
> III Der Nutzen aus der Ausschaltung der Juden aus dem deutschen Wirtschaftsleben *kommt allein dem Reiche zu.*

Hitler beauftragt Göring mit der Bildung einer Kommission zur Regelung der „Wirtschaftsfrage", in der – zum Leidwesen Görings – auch Goebbels vertreten sein soll. Alsdann gibt Hitler genaue Anweisung, daß und wie die Arisierung („Entjudung") der Wirtschaft beschleunigt durchzuführen ist. Abschließend legt er eine Bußzahlung für die deutschen Juden auf 1 Milliarde Reichsmark fest.

Göring hat sich durchgesetzt. Er ist in der Arisierung fortan federführend. Goebbels ist stark angeschlagen und hat alle Hände voll zu tun, die verheerenden Wirkungen des Pogroms vor der Öffentlichkeit so gut es geht zu kaschieren. Gleichzeitig muß er für die Durchsetzung der „neuen Linie" sorgen, wonach die weitere Entrechtung und Ausplünderung der Juden streng gesetzlich stattzufinden hat.

Noch am gleichen Tage verfaßt er einen Aufruf, der unter der Überschrift „Neue gesetzliche Regelung der Judenfrage angekündigt" auf der ersten Seite des „VB" vom 11. November 1938 erscheint:

> Berlin, 10. November.
> Reichsminister Dr. Goebbels gibt bekannt: Die berechtigte und verständliche Empörung des deutschen Volkes über den feigen jüdischen Meuchelmord an einem deutschen Diplomaten in Paris hat sich in der vergangenen Nacht in umfangreichem Maße Luft verschafft. In zahlreichen Städten und Orten des Reiches wurden Vergeltungsaktionen gegen jüdische Geschäfte und Gebäude vorgenommen.
>
> Es ergeht nunmehr an die gesamte Bevölkerung die strenge Aufforderung, von allen weiteren Demonstrationen und Vergeltungsaktionen gegen das Judentum, gleichgültig welcher Art, sofort abzusehen. Die endgültige Antwort auf das jüdische Attentat in Paris wird auf dem Wege der Gesetzgebung bzw. der Verordnung dem Judentum erteilt werden.

In der begleitenden Berichterstattung wird hervorgehoben, daß keinem Juden auch nur ein Haar gekrümmt worden und daß es nirgendwo zu Plünderungen gekommen sei.

In dem Bericht des „VB" aus Berlin („Empörte Volksseele schaffte sich Luft") heißt es: „Die in den zum Teil allzu prächtig ausgestatteten Fenstern feilgebotenen Waren blieben unberührt, höchstens daß hier und da der eine oder andere Gegenstand durch einen Steinwurf oder durch eine herabfallende Scherbe beschädigt wurde ..."

Inzwischen hat die Auslandspresse die Ereignisse vom 9./10. November 1938 aufgegriffen. Das Echo ist verheerend. Die „Neue Zürcher Zeitung" berichtet am 11.11.1938 aus Berlin: „Die Vandalen haben ganze

Arbeit gemacht."[32] Die Londoner „Times" stellt am gleichen Tage fest: „Die kollektive Brutalität der deutschen Antwort ... ist eine Schande für das ganze Land."[33]

In der „New York Times" wird von den Ereignissen auf der ersten Seite berichtet. Die Depesche des Berliner Korrespondenten beginnt mit den Sätzen: „Eine Welle der Zerstörung, der Plünderung und Brandstiftungen, wie man sie in Deutschland seit dem Dreißigjährigen Krieg und in Europa seit der Bolschewistischen Revolution nicht erlebt hat, überflutete Großdeutschland. Die nationalsozialistischen Kohorten nahmen an jüdischen Läden, Büros und Synagogen Rache für die Ermordung des Sekretärs der deutschen Botschaft in Paris, Ernst vom Rath, durch einen jungen polnischen Juden."[34]

Goebbels schlägt zurück. Am nächsten Tag erscheint im „VB" aus seiner Feder ein ellenlanger Artikel zum „Fall Grünspan". Goebbels wird nicht müde zu betonen, daß das deutsche Volk spontan zu Vergeltungsaktionen geschritten und dem „gesunden Instinkt" gefolgt sei: „Wie wenig Ahnung doch diese Zeilenschinder von Deutschland haben! Wie erst hätten diese Reaktionen ausgesehen, wären sie organisiert gewesen! ... Eines der hervorstechendsten Merkmale der in den vergangenen Tagen stattgefundenen Aktionen gegen das Judentum ist die Tatsache, daß es zwar zu Demolierungen, aber nirgendwo zu Plünderungen gekommen ist."[35]

Während Goebbels sich bemüht, die Gewaltaktionen publizistisch in den Griff zu bekommen, ist Göring in anderer Richtung aktiv geworden. Er hat sich einen genauen Überblick über das Ausmaß der Schäden verschafft,[36] hat am 11. November 1938 die zuständigen Ministerien beauftragt, für den nächsten Tag Verordnungsentwürfe zur Ausschaltung der Juden aus der Wirtschaft vorzulegen, hat die Reichsgruppe Versicherungen aufgefordert, die „Versicherungsfrage" zu klären und die Gauleiter in einer lautstarken Ansprache in die Schranken verwiesen.

Am Sonnabend, 12. November 1938, findet im Großen Sitzungssaal des Reichsluftfahrtministeriums von 11 bis 14.40 Uhr eine „Ministersitzung" statt, an der alle betroffenen Ressorts und Gruppen beteiligt sind.[37] Die Sitzung wird von Göring eröffnet und nimmt in etwa folgenden Verlauf.

Die Konferenz (Protokollauszug)[1]

Göring: Meine Herren, die heutige Sitzung ist von entscheidender Bedeutung. Ich habe einen Brief bekommen, den mir der Stabsleiter des Stellvertreters des Führers Bormann im Auftrag des Führers geschrieben hat, wonach die Judenfrage jetzt einheitlich zusammengefaßt werden soll und so oder so zur Erledigung zu bringen ist. Durch telefonischen Anruf bin ich gestern vom Führer noch einmal darauf hingewiesen worden, jetzt die entscheidenden Schritte zentral zusammenzufassen.

Da das Problem in der Hauptsache ein umfangreiches wirtschaftliches Problem ist, wird hier der Hebel angesetzt werden müssen. Selbstverständlich ergeben sich daraus auch eine Reihe rechtlicher Maßnahmen, die sowohl in das Gebiet des Justizministers wie des Innenministers fallen, dann die daraus zu folgernden Propagandamaßnahmen, die in das Gebiet des Herrn Propagandaministers fallen, selbstverständlich auch Maßnahmen des Finanzministers und des Wirtschaftsministers.

In der Sitzung, in der wir damals zum ersten Mal über diese Frage sprachen und den Beschluß faßten, die deutsche Wirtschaft zu arisieren, den Juden aus der Wirtschaft heraus und in das Schuldbuch hineinzubringen und auf die Rente zu setzen, haben wir leider Gottes nur sehr schöne Pläne gefaßt, die dann aber sehr schleppend verfolgt worden sind. Wir haben dann hier in Berlin eine Demonstration gehabt. Daraufhin ist dem Volk gesagt worden: es geschieht jetzt etwas Entscheidendes. Es ist aber wieder nichts geschehen. Wir haben jetzt diese Sache in Paris gehabt. Darauf folgten wieder die Demonstrationen, und jetzt muß etwas geschehen!

Denn, meine Herren, diese Demonstrationen habe ich satt. Sie schädigen nicht den Juden, sondern schließlich mich, der ich die Wirtschaft als letzte Instanz zusammenzufassen habe. Wenn heute ein jüdisches Geschäft zertrümmert wird, wenn Waren auf die Straße geschmissen werden, dann ersetzt die Versicherung dem Juden den Schaden – er hat ihn gar nicht –, und zweitens sind Konsumgüter, Volksgüter zerstört worden. Wenn in Zukunft schon Demonstrationen, die unter Umständen notwendig sein mögen, stattfinden, dann bitte ich nun endgültig sie so zu lenken, daß man sich nicht ins eigene Fleisch schneidet. Denn es ist irrsinnig, ein jüdisches Warenhaus auszuräumen und anzuzünden, und dann trägt eine deutsche Versicherungsgesellschaft den Schaden, und die Waren, die ich dringend brauche – ganze Abteilungen Kleider und was weiß ich alles –, werden verbrannt und fehlen mir hinten und vorn. Da kann ich gleich die Rohstoffe anzünden, wenn sie hereinkommen.

Das Volk versteht das natürlich nicht, und deshalb müssen hier Gesetze gemacht werden, die dem Volk einwandfrei zeigen, daß hier etwas getan wird. Ich wäre wirklich dankbar, wenn durch die Propaganda einmal auf diesen Punkt hingewiesen werden könnte, daß der Schaden leider Gottes nicht den Juden trifft, sondern tatsächlich die deutschen Versicherungsgesellschaften.

Nun habe ich aber keine Lust, die deutschen Versicherungsgesellschaften diesen Schaden tragen zu lassen. Ich werde deshalb auf Grund meiner Vollmacht eine Anordnung erlassen und bitte da natürlich um die Mitarbeit der zuständigen Ministerien, damit das in das richtige Lot kommt und die Versicherungsgesellschaften den Schaden nicht zu tragen haben.

Es taucht aber sofort ein zweites Moment auf: diese Versicherungsgesellschaften können im Ausland rückversichert sein. Falls eine solche Rückversicherung hier in Frage kommt, möchte ich wieder nicht darauf verzichten, weil sie Devisen bringt. Das muß also untersucht werden. Aus diesem Grunde habe ich auch Herrn Hilgard von den Versicherungen hierher bestellt, der uns am besten darüber Auskunft geben kann...

Darüber möchte ich keinen Zweifel lassen, meine Herren: die heutige Sitzung ist nicht dazu da, sich erneut darüber zu unterhalten, was getan werden sollte, sondern es fallen jetzt Entscheidungen und ich bitte die Ressorts inständig, nun aber Schlag auf Schlag die notwendigen Maßnahmen zur Arisierung der Wirtschaft zu treffen...

Bei der Arisierung der Wirtschaft ist der Grundgedanke folgender: Der Jude wird aus der Wirtschaft ausgeschieden und tritt seine Wirtschaftsgüter an den Staat ab. Er wird dafür entschädigt. Die Entschädigung wird im Schuldbuch vermerkt und wird ihm zu einem bestimmten Prozentsatz verzinst. Davon hat er zu leben...

Das Sichtbarste, meine Herren, für das Volk sind die jüdischen Kaufläden und nicht etwa die Beteiligungen. Deshalb muß hier begonnen werden, und zwar nach folgenden Thesen, die wir bereits festgelegt haben.

Zunächst gibt der Wirtschaftsminister bekannt, welche Geschäfte er überhaupt stillegen will, weil sie übersetzt sind. Diese Geschäfte scheiden bei der Arisierung von vornherein aus. Die vorhandenen Waren sind für andere Geschäfte zum Verkauf freizustellen. Soweit sie nicht abgesetzt werden können, wird sich irgendein Weg finden, sie in die Winterhilfe hineinzuführen oder sonstwie zu verwerten. Es muß natürlich immer die kaufmännische Verwertung angestrebt werden; denn bei dieser ganzen Umwandlung soll der Staat nicht leiden, sondern soll einen Vorteil davon haben. Zweitens sind für die Kaufläden und Kaufhäuser ... Kategorien aufzustellen entsprechend der Wichtigkeit der einzelnen Branchen.

Der Treuhänder des Staates schätzt das Geschäft ab und bestimmt, welchen Betrag der Jude bekommt. Dieser Betrag ist selbstverständlich an sich schon möglichst niedrig zu halten. Das Geschäft wird dann von der Treuhand in arischen Besitz überführt, und hierbei ist der Aufschlag zu erzielen, d.h. das Geschäft ist entsprechend seinem normalen tatsächlichen Verkehrswert und Bilanzwert an den Mann zu bringen.

Hier setzen Schwierigkeiten ein. Es ist menschlich verständlich, daß in starkem Maße versucht wird, in diese Geschäfte Parteigenossen hineinzubringen und ihnen so gewisse Entschädigungen zu geben. Ich habe da entsetzliche Dinge in der Vergangenheit gesehen: daß sich kleine Chauffeure von Gauleitern derart bereichert haben, daß sie auf diese Weise schließlich eine halbe Million Vermögen an sich gebracht haben. Die Herren wissen Bescheid? Das stimmt doch? *(Zustimmung)*

Das sind natürlich Dinge, die unmöglich sind. Ich werde nicht davor zurückscheuen, dort, wo unsauber verfahren wird, rücksichtslos einzugreifen. Sollte es sich um eine prominente Person handeln, die das Delikt ermöglicht, so werde ich binnen zwei Stunden beim Führer sein und diese Schweinerei ganz nüchtern vortragen.

Wir müssen darauf drängen, daß der Arier, der das Geschäft übernimmt, aus der Branche ist und davon etwas versteht. Er muß normalerweise auch das Geld für das Geschäft aus Eigenem aufbringen. Anzustreben ist also ein normaler Geschäftsverkauf... Sind nun unter den Bewerbern Parteigenossen, so sind sie, wenn sie dieselben Bedingungen erfüllen, vorzuziehen, und zwar selbstverständlich in erster Linie der Geschädigte, dann ungefähr dem Parteialter nach.

Es können nun natürlich Ausnahmen stattfinden. Ein Parteigenosse ist nachweisbar dadurch geschädigt worden, daß ihm der Staat Schuschnigg oder Prag die Geschäftskonzession entzogen hat, daß er dadurch Pleite ging und kaputtgemacht wurde. Dieser Mann hat normalerweise Anrecht auf das Geschäft, und ihm wird auch geholfen, wenn er nicht die Mittel dafür besitzt... Diesem Parteigenossen kann das Geschäft möglichst billig übertragen werden. Man wird hier nicht den vollen Wert herausholen, sondern nur den Sperrwert, den der Jude bekommt. Unter Umständen wird man dem Mann auch noch ein Stützungsdarlehen geben, damit er zunächst zurechtkommt...

Bei der Übertragung wird sich nun, wenn wir den Verkehrswert zugrunde legen, selbstverständlich ergeben, daß auf 100 zu übertragende jüdische Geschäfte bestenfalls vielleicht 60 Arier kommen, die bereit sind, die Läden zu übernehmen...

Darum bitte ich den Herrn Wirtschaftsminister, mir in der Stillegung der Geschäfte von vornherein sehr weit, außerordentlich weit zu gehen...

Ein weiterer Punkt! Ich habe festgestellt, daß Arier ein jüdisches Geschäft übernommen haben und dann so geschäftstüchtig waren, den Namen dieses jüdischen Geschäftes in irgendeiner Form mit „vormals" beizubehalten oder überhaupt beizubehalten. Das darf nicht sein; das darf ich nicht erlauben. Denn sonst kommen Dinge vor, wie sie jetzt wieder passiert sind, daß Läden eingeschmissen wurden, deren Aushängeschild jüdisch klang und auch einmal jüdisch war, die aber längst arisiert waren. Hier darf und muß der jüdische Name der früheren Firma restlos ausgelöscht werden ... So viel zur Arisierung der Geschäfte und Engroslager, insbesondere des Aushängeschildes, möchte ich einmal sagen, alles dessen, was auffällt!

Auf die Konsequenzen, die sich daraus für den Juden ergeben, komme ich später zu reden, weil das mit anderen Punkten zusammenhängt.

Jetzt kommen die Fabriken. Bei den kleinen und mittleren Fabriken ist ähnlich zu verfahren, daß zunächst festgestellt wird:

1.) Welche Fabrik brauche ich überhaupt nicht? Welche kann man stillegen? Kann man nichts anderes daraus machen? – Dann wird sie möglichst rasch abgeschrottet.

2.) Wenn sie benötigt wird, wird sie nach denselben Richtlinien wie das Geschäft in arischen Besitz überführt ... Wenn sie nicht notwendig ist, werden ihre Anlagen jener Aktion zur Verfügung gestellt, die ich sowieso in den nächsten Wochen durchführen muß, nämlich der Aktion zur Umwandlung von nicht lebensnotwendigen Produktionsstätten in lebenswichtige. Dazu werde ich noch sehr viel Raum und sehr viele Fabriken brauchen.

Nun kommen die größeren Fabriken, die von einem jüdischen Besitzer ... selbst geleitet werden, oder die Aktiengesellschaften, wo der Jude im Aufsichtsrat oder sogar im Direktorium drinsteckt, wo aber die Fabrik sonst im allgemeinen läuft. Hier ist die Sache wiederum sehr einfach: die Fabrik läuft weiter. Der Jude wird herausgenommen. Mit seinem Anteil wird genau so verfahren wie bei den Kaufläden und den Fabriken ...

Nun spreche ich von den ganz großen Unternehmungen, wo der Jude noch zum Teil in dem Aufsichtsrat drin ist, wo ihm Aktien usw. gehören und er dadurch entweder Besitzer oder Hauptbesitzer ist, jedenfalls sehr stark interessiert ist. Auch da ist die Sache verhältnismäßig einfach: Er liefert das gesamte Aktienpaket aus. Diese Aktien werden ihm zu dem Kurs abgenommen, der von der Treuhand festgesetzt wird. Der Jude ist damit im Schuldbuch drin ... Diese Fälle können allerdings nicht mehr die Gaue und Reichsstatthalter regeln, sondern die müssen von uns hier oben gemacht werden, weil nur wir überblicken können, wo diese Fabriken hingebracht werden müssen ..., wieweit der Staat sie selbst behalten wird ... Ich weiß natürlich: Je größer, umfangreicher und gewinnbringender das Unternehmen ist, desto stärker wird sich der Drang auch all der Herren Gauleiter und Statthalter von den verschiedenen Seiten bemerkbar machen, in den Besitz dieser Anteile zu kommen. Damit werden große Versprechungen auf Verschönerung der Hauptstädte usw. gemacht werden. Das kenne ich alles. Das geht nicht. Wir müssen hier zu einer ganz klaren, für das Reich gewinnbringenden Aktion kommen.

Das gleiche Verfahren tritt da ein, wo der Jude sonst noch Anteil, Besitzanteil an der Wirtschaft hat. Ich bin nicht so versiert, um zu wissen, in welcher Form das noch der Fall ist und wieweit ihm das noch weggenommen werden muß. Jedenfalls muß der Jude ... nun sehr rasch aus der gesamten deutschen Wirtschaft hinaus.

Ich komme nun zu den Juden, die Ausländer sind. Wir müssen hier unterscheiden. Solche Juden, die wirklich Ausländer waren und geblieben sind, sind natürlich nach den Gesetzen zu behandeln, die wir mit diesem Land haben. Aber auch hier ist dafür Sorge zu tragen, daß sie freiwillig, durch sanften oder stärkeren Druck, durch geschickte Manöver hinausmanövriert werden. Auf die Juden aber, die im allgemeinen Deutsche waren, die immer in Deutschland gelebt haben und die eben nur, um sich in Sicherheit zu bringen, in den letzten Jahren diese und jene Staatsangehörigkeit angenommen haben, bitte ich keine Rücksicht zu nehmen. Mit denen wird man fertig. Oder haben Sie Bedenken?

Woermann: Ich würde bitten, daß das Auswärtige Amt im Einzelfalle beteiligt wird, weil sich das generell sehr schwer entscheiden läßt.

Göring: In jedem Fall beiziehen können wir Sie nicht. Aber im ganzen selbstverständlich.

Woermann: Ich möchte jedenfalls den Anspruch des Auswärtigen Amtes auf Beteiligung anmelden. Man kann nicht wissen, welche Schritte unternommen werden.

Göring: Aber nur bei wichtigen Sachen! ...

Funk: Das ist für uns eine ganz entscheidende Frage: Sollen die jüdischen Läden wieder aufgemacht werden?

Goebbels: Ob sie aufgemacht werden, ist eine andere Frage. Es handelt sich darum, ob sie wiederhergestellt werden. Ich habe Frist gestellt bis Montag.

Göring: Ob sie wieder aufgemacht werden, brauchen Sie nicht zu fragen. Dafür sind wir zuständig.

Goebbels: Nr. 2: Es sind in fast allen deutschen Städten Synagogen niedergebrannt. Nun ergeben sich für die Plätze, auf denen die Synagogen gestanden haben, die vielfältigsten Verwendungsmöglichkeiten. Die einen Städte wollen sie zu Parkplätzen umgestalten, andere wollen dort wieder Gebäude errichten.

Göring: Wieviele Synagogen sind tatsächlich niedergebrannt?

Heydrich: Es sind im ganzen 101 Synagogen durch Brand zerstört, 76 Synagogen demoliert, 7500 zerstörte Geschäfte im Reich.

Göring: Was heißt: durch Brand zerstört?

Heydrich: Z.T. abgebrannt, z.T. ausgebrannt.

Goebbels: Ich bin der Meinung, daß das der Anlaß sein muß, die Synagogen aufzulösen. Alle, die nicht mehr vollkommen intakt sind, müssen von den Juden niedergelegt werden. Die Juden müssen das bezahlen. Hier in Berlin sind die Juden dazu bereit. Die Synagogen, die in Berlin gebrannt haben, werden von den Juden selbst niedergelegt... Das muß nun, glaube ich, als Richtschnur für das ganze Land herausgegeben werden, daß die Juden selbst die beschädigten oder angebrannten Synagogen zu beseitigen haben und der deutschen Volksgemeinschaft fertige freie Plätze zur Verfügung zu stellen haben.

Nr. 3: Ich halte es für notwendig, jetzt eine Verordnung herauszugeben, daß den Juden verboten wird, deutsche Theater, Kinotheater und Zirkusse zu besuchen. Ich habe schon auf Grund des Kulturkammergesetzes eine solche Verordnung herausgegeben. Ich glaube, daß wir uns das auf Grund unserer heutigen Theaterlage leisten können. Die Theater sind sowieso überfüllt. Wir haben kaum Platz. Ich bin aber der Meinung, daß es nicht möglich ist, Juden neben Deutsche in Varietees, Kinos oder Theater hineinzusetzen. Man könnte eventuell später überlegen, den Juden hier in Berlin ein oder zwei Kinos zur Verfügung zu stellen, wo sie jüdische Filme vorführen können. Aber in deutschen Theatern haben sie nichts mehr verloren. Weiterhin halte ich es für notwendig, daß die Juden überall da aus der Öffentlichkeit herausgezogen werden, wo sie provokativ wirken. Es ist z.B. heute noch möglich, daß ein Jude mit einem Deutschen ein gemeinsames Schlafwagenabteil benutzt. Es muß also ein Erlaß des Reichsverkehrsministers herauskommen, daß für Juden besondere Abteile eingerichtet werden und daß, wenn dieses Abteil besetzt ist, die Juden keinen Anspruch auf Platz haben, daß die Juden aber nur dann, wenn alle Deutschen sitzen, ein besonderes Abteil bekommen, daß sie dagegen nicht unter die Deutschen gemischt werden und daß, wenn kein Platz ist, die Juden draußen im Flur zu stehen haben.

Göring: Da finde ich es viel vernünftiger, daß man ihnen eigene Abteile gibt.

Goebbels: Aber nicht, wenn der Zug überfüllt ist.

Göring: Einen Moment! Es gibt nur einen jüdischen Wagen. Ist er besetzt, müssen die übrigen zu Hause bleiben.

Goebbels: Aber nehmen wir an, es sind nicht so viele Juden da, die mit dem Fern-D-Zug nach München fahren, sagen wir: es sitzen zwei Juden im Zug, und die anderen Abteile sind überfüllt. Diese beiden Juden hätten nun Sonderabteil. Man muß deshalb sagen: die Juden haben erst dann Anspruch auf Platz, wenn alle Deutschen sitzen.

Göring: Das würde ich gar nicht extra einzeln fassen, sondern ich würde den Juden einen Wagen oder ein Abteil geben. Und wenn es wirklich jemals so wäre, wie Sie sagen, daß der Zug sonst überfüllt ist, glauben Sie: das machen wir so, da brauche ich kein Gesetz. Da wird er herausgeschmissen, und wenn er allein auf dem Lokus sitzt während der ganzen Fahrt.

Goebbels: Das will ich nicht sagen. Ich glaube das nicht, sondern da muß eine Verordnung herauskommen. Dann muß eine Verordnung herauskommen, daß es den Juden verboten ist, deutsche Bäder, Strandbäder und deutsche Erholungsstätten zu besuchen. Im vergangenen Sommer –

Göring: Vor allen Dingen hier im Admiralspalast sind wirklich widerwärtige Sachen passiert.

Goebbels: Auch im Wannseebad. Eine Verordnung, daß es den Juden absolut verboten ist, deutsche Erholungsstätten zu besuchen.

Göring: Man könnte ihnen ja eigene geben.

Goebbels: Man könnte sich überlegen, ob man ihnen eigene gibt oder ob man deutsche Bäder zur Verfügung stellt, aber nicht die schönsten, daß man sagt: in den Bädern können sich die Juden erholen. Es wäre zu überlegen, ob es nicht notwendig ist, den Juden das Betreten des deutschen Waldes zu verbieten. Heute laufen Juden rudelweise im Grunewald herum. Das ist ein dauerndes Provozieren, wir haben dauernd Zwischenfälle. Was die Juden machen, ist so aufreizend und provokativ, daß es dauernd zu Schlägereien kommt.

Göring: Also wir werden den Juden einen gewissen Waldteil zur Verfügung stellen, und Alpers wird dafür sorgen, daß die verschiedenen Tiere, die den Juden verdammt ähnlich sehen – der Elch hat ja so eine gebogene Nase –, dahin kommen und sich da einbürgern.

Goebbels: Ich halte dieses Verhalten für provokativ.

Dann weiter, daß die Juden nicht in deutschen Anlagen herumsitzen können. Ich knüpfe an an die Flüsterpropaganda durch Judenfrauen in den Anlagen am Fehrbelliner Platz. Es gibt Juden, die gar nicht so jüdisch aussehen. Die setzen sich zu den deutschen Müttern mit Kindern und fangen an zu mosern und zu stänkern.

Göring: Die sagen gar nicht, daß sie Juden sind.

Goebbels: Ich sehe darin eine besonders große Gefahr. Ich halte es für notwendig, daß man den Juden bestimmte Anlagen zur Verfügung stellte – nicht die schönsten – und sagt: auf diesen Bänken dürfen die Juden sitzen. Die sind besonders gekennzeichnet. Es steht darauf: Nur für Juden! Im übrigen haben sie in deutschen Anlagen nichts zu suchen.

Als letztes wäre noch folgendes vorzutragen. Es besteht tatsächlich heute noch der Zustand, daß jüdische Kinder in deutsche Schulen gehen. Das halte ich für unmöglich. Ich halte es für ausgeschlossen, daß mein Junge neben einem Juden im deutschen Gymnasium sitzt und deutschen Geschichtsunterricht erteilt bekommt. Ich halte es für notwendig, daß die Juden absolut aus den deutschen Schulen entfernt werden und man ihnen anheimgibt, innerhalb ihrer eigenen Kultusgemeinde selbst die Erziehung zu übernehmen.

Göring: Ich bitte dann, Herrn Hilgard von der Versicherung hereinzurufen. Er wartet draußen. Wenn er fertig ist, kann er gehen, und wir können weiter verhandeln. Schon beim Tode von Gustloff war ein Ausgleich von Schäden vorbereitet, die Deutschland zugefügt werden. Aber ich glaube, wir wollen das nicht jetzt mit einem gewissen Steuerzuschlag machen, sondern mit einer einmaligen Kontribution. Damit ist mir mehr gedient. *(Hilgard erscheint.)*

Herr Hilgard, es handelt sich um folgendes. Durch den berechtigten Zorn des Volkes gegenüber den Juden sind eine Anzahl von Schäden im ganzen Reich angerichtet worden. Fenster sind eingeschmissen worden, Sachen und Menschen zu Schaden gekommen, Synagogen ausgebrannt usw. Ich nehme an, daß ein Teil der Juden – wahrscheinlich das Gros – auch versichert ist gegen Tumultschäden usw. *(Hilgard: Ja.)*

Es würde also jetzt dabei folgendes herausspringen: daß das Volk in einer berechtigten Abwehr dem Juden hat einen Schaden zufügen wollen und daß dann tatsächlich der Schaden von der deutschen Versicherungsgesellschaft gedeckt wird. Hier wäre nun die Sache verhältnismäßig einfach, indem ich eine Verordnung mache, daß diese Schäden, die aus dieser Aufwallung gekommen sind, nicht von der Versicherung zu decken sind.

Aber die Frage, die mich brennend interessiert, weshalb ich Sie hierher gebeten habe, ist folgende: Für den

Fall, daß hier irgendwie auf dem Gebiet der Tumultschädenversicherung Rückversicherungen im Auslande liegen, möchte ich selbstverständlich nicht auf diese Rückversicherung verzichten, sondern möchte die an sich heranholen und damit mit Ihnen den Weg besprechen, wieweit diese Rückversicherung, die womöglich noch Devisen bringt, nicht zum Juden kommt, sondern zur deutschen Volkswirtschaft. Ich hätte gern einmal von Ihnen gehört – das ist die erste Frage, die ich an Sie zu stellen habe –: Sind nach Ihrer Auffassung die Juden in großem Ausmaß gegen diese Schäden versichert?

Hilgard: Ich darf gleich antworten. Die Sache liegt so, daß wir es mit drei Arten von Versicherungen zu tun haben, und zwar nicht mit der Aufruhrversicherung und der Tumultschädenversicherung, sondern mit der regulären Feuerversicherung, mit der regulären Glasversicherung und mit der regulären einfachen Diebstahlversicherung. Die Versicherten, also diejenigen, die hier einen Anspruch auf Grund dieser Verträge haben, sind teils Juden, teils Arier. Bei der Feuerversicherung, die hier den größten Teil ausmacht, sind es wohl durchgängig Juden. Bei den Warenhäusern ist der Geschädigte mit dem Juden, mit dem Eigentümer identisch, bei der Synagoge natürlich erst recht, abgesehen von den Nachbarschäden, die dadurch entstanden sind, daß das Feuer übergegriffen hat. Aber nach meinen Feststellungen, die ich noch in der letzten Nacht getroffen habe, sind diese Schäden verhältnismäßig gering. Vollkommen anders liegen die Verhältnisse bei der Glasversicherung, die eine sehr große Rolle spielt. Hier ist der weitaus größere Teil der Geschädigten arisch. Das ist nämlich der Hausbesitz, der überwiegend in deutschen Händen liegt, während der Jude in der Regel nur der Mieter des Ladens ist, – ein Vorgang, den Sie auf der ganzen Linie, z.B. am Kurfürstendamm, feststellen können.

Göring: Das ist das, was wir gesagt haben.

Goebbels: Da muß der Jude den Schaden bezahlen.

Göring: Es hat ja keinen Sinn. Wir haben keine Rohstoffe. Es ist alles ausländisches Glas; das kostet Devisen! Man könnte die Wände hochgehen!

Hilgard: Ich darf vielleicht folgendes feststellen. Das Ladenfensterglas wird nicht in der böhmischen Glasindustrie fabriziert, sondern ist ausschließlich in den Händen der belgischen Glasindustrie. Der Umfang dieser Schäden ist nach meinen Schätzungen ungefähr folgender: Wir haben etwa mit Glasschäden für 6 Millionen zu rechnen, d.h. für das Glas, das wir auf Grund der Versicherungsbedingen den in der Hauptsache arischen Geschädigten als Ersatz liefern müssen, müssen wir etwa 6 Millionen aufwenden – meiner Schätzung nach. Ich muß hier aber alle Vorbehalte machen, Herr Generalfeldmarschall; denn ich habe für die Feststellungen nur einen Tag Zeit gehabt.

Wenn man rechnet – das kann ich nicht genau sagen, da wird die Industrie besser Auskunft geben können –, daß etwa die Hälfte dieser 6 Millionen im Handel usw. hängen bleibt, so möchte ich immer noch ungefähr damit rechnen, daß wir für etwa 3 Millionen belgisches Glas einführen müssen. Nebenbei bemerkt, werden die Schäden die Hälfte einer Jahresproduktion der gesamten belgischen Glasindustrie sein. Wir sind der Auffassung, daß man von der Fabrikationsseite aus ein halbes Jahr braucht, um das Glas zu liefern, das zum Ersatz dieser Schäden notwendig ist.

Göring: Hier muß eine Volksaufklärung stattfinden.

Goebbels: Das kann jetzt nicht im Augenblick gemacht werden.

Göring: So kann das nicht weitergehen. Das halten wir gar nicht aus. Unmöglich!

Nun weiter! Nach Ihrer Auffassung trifft der Schaden den Arier, nicht wahr?

Hilgard: Jawohl, zum größten die Glasversicherung.

Göring: Die müßte das Glas ersetzen.

Hilgard: Jawohl. Es kommt natürlich auch vor, daß der Geschädigte, der Ladeninhaber, mit dem Hauseigentümer identisch ist, was zunächst bei allen Kaufleuten der Fall ist. Im Kaufhaus Israel ist selbstverständlich der Glasgeschädigte auch der Jude.

Göring: Nun kommt die dritte Kategorie.

Hilgard: Das sind die einfachen Diebstahlgeschädigten.

Göring: Da muß ich eine Frage stellen. Wenn Waren jeder Art aus den Geschäften herausgenommen wurden und draußen auf der Straße verbrannt worden sind, fällt das auch darunter?

Hilgard: Ich glaube nicht.

Göring: Fällt das unter Aufruhr?

Hilgard: Das ist gerade die Frage, die wir im Augenblick noch nicht zu beantworten in der Lage sind: liegt ein einfacher Diebstahl dann vor, wenn nach der gewaltsamen Erbrechung eines Wohnungseingangs oder von Behältnissen eine Sache entwendet wird?

Göring: Es liegt Aufruhr vor.

Hilgard: Der Aufruhr spielt bei dieser Sache gar keine Rolle, weil wir kaum mehr nennenswerte Aufruhrversicherungen haben. Die sind längst von uns abgebaut und abgewickelt.

Göring: Das hier ist doch Aufruhr. Das ist der juristische Begriff. Es ist nicht gestohlen, nicht eingebrochen worden, sondern ganz öffentlich wälzt sich die Masse herein und zertrümmert die Sachen. Oder Tumult.

Hilgard: Tumultschäden. Es ist kein Aufruhr.

Göring: Sind die gegen Tumultschäden versichert?

Hilgard: Nein, nicht mehr. – Ich darf das vielleicht an

einem praktischen Beispiel klarmachen. Der größte Fall, den wir auf dem Gebiet haben, ist der Fall Margraf unter den Linden. Das Juweliergeschäft von Margraf ist bei uns mit einer sogenannten kombinierten Police versichert. Da ist eigentlich jeder Schaden gedeckt, der passieren kann. Dieser Schaden ist bei uns in Höhe von 1,7 Millionen angemeldet, weil der Laden vollkommen ausgeplündert worden ist.

Göring: Daluege und Heydrich, ihr müßt mir diese Juwelen wieder herschaffen durch Riesenrazzien!

Daluege: Das ist schon angeordnet. Die Leute werden dauernd kontrolliert. Nach den Meldungen von gestern nachmittag sind bisher allein 150 verhaftet.

Göring: Die Sachen werden sonst verschoben. Wenn einer mit Juwelen in ein Geschäft kommt und sagt, er hätte sie gekauft, müssen sie ihm rücksichtslos weggenommen werden ohne große Geschichten. Irgendwo hat er sie gestohlen oder gehandelt.

Heydrich: Im übrigen ist in rund 800 Fällen im Reich geplündert worden entgegen der Vermutung, aber wir haben Plünderer schon in einer Zahl von mehreren Hundert und sind auch dabei, das geplünderte Gut herbeizuschaffen.

Göring: Und die Juwelen?

Heydrich: Das ist sehr schwer zu sagen. Sie sind z.T. auf die Straße herausgeschmissen worden und dort aufgegriffen worden. Ähnliches hat sich bei Pelzläden abgespielt, z.B. in der Friedrichstraße im Revier C. Da hat sich natürlich die Menge draufgeworfen, hat Nerze, ... usw. mitgenommen. Das ist sehr schwer wiederzukriegen. Z.T. haben auch Kinder lediglich aus Spielerei sich die Taschen vollgesteckt. Man müßte anregen, daß HJ nicht ohne Wissen der Partei eingesetzt werden darf und an solchen Dingen beteiligt wird. Solche Dinge sind sehr bald zerstört.

Daluege: Es wäre vor allen Dingen notwendig, von der Partei aus einen Befehl herauszugeben, daß sofort an die Polizei Meldung erstattet wird, wenn etwa die Nachbarsfrau – man kennt ja den Nachbarn ganz genau – einen Pelz umarbeiten läßt oder die Leute mit neuen Ringen oder Armbändern ankommen, daß uns die Partei da unterstützt.

Hilgard: Diese Schäden fallen wohl nicht unter die Police, aber ich muß das unter Vorbehalt sagen. Darf ich überhaupt einmal ein Wort über unsere Haftpflicht sagen und ein Petitum der Versicherungswirtschaft anmelden? – Wir legen großen Wert darauf, Herr Generalfeldmarschall, daß wir an der Erfüllung unserer vertraglichen Verflichtungen nicht gehindert werden.

Göring: Das muß ich aber. Ich lege Wert darauf.

Hilgard: Wenn ich das begründen darf: es hängt einfach damit zusammen, daß wir in starkem Maße auch internationale Geschäfte treiben. Wir haben für unsere Geschäfte eine sehr gute internationale Basis, und wir müssen gerade im Interesse der deutschen Devisenbilanz Wert darauf legen, daß das Vertrauen zu der deutschen Versicherung nicht gestört wird. Wenn wir es heute ablehnten, klare, uns gesetzliche obliegende vertragliche Verpflichtungen zu erfüllen, so wäre das ein schwarzer Fleck auf dem Ehrenschild der deutschen Versicherung.

Göring: Aber nicht mehr in dem Augenblick, wo ich durch eine staatliche Verordnung, durch ein Gesetz eingreife.

Hilgard: Darauf wollte ich nämlich kommen.

Heydrich: Man mag ruhig die Versicherung ausschütten, aber nachher bei der Auszahlung wird sie beschlagnahmt. Dann ist formell das Gesicht gewahrt.

Hilgard: Das, was Obergruppenführer Heydrich eben gesagt hat, möchte ich eigentlich auch für den richtigen

Weg halten, sich zunächst einmal des Apparats der Versicherungswirtschaft zu bedienen, die Schäden festzustellen, zu regulieren und auch auszuzahlen, dann aber der Versicherungswirtschaft die Möglichkeit zu geben, in irgendeinem Fonds —

Göring: Einen Moment! Auszahlen müssen Sie sowieso, weil Deutsche geschädigt sind. Sie bekommen aber ein gesetzliches Verbot, die Auszahlungen unmittelbar an die Juden vorzunehmen. Die Schäden, die Sie an die Juden auszuzahlen hätten, müssen Sie auch auszahlen, aber nicht an die Juden, sondern an den Finanzminister. *(Hilgard: Aha!)*

Was der damit macht, ist seine Sache.

Schmeer: Herr Feldmarschall, ich hätte den Vorschlag zu machen, daß man von dem angemeldeten Vermögen – es soll ja eine Milliarde eingezogen werden – einen bestimmten Prozentsatz festlegt, meinetwegen 15%, und diesen Prozentsatz noch etwas erhöht, so daß alle Juden gleichmäßig zahlen und von diesem Betrag den Versicherungen das Geld zurückerstatten.

Göring: Nein. Ich denke gar nicht daran, den Versicherungen das Geld zurückzuerstatten. Die Versicherungen sind ja haftbar. Nein, das Geld gehört dem Staat. Das ist ganz klar. Das wäre ja ein Geschenk für die Versicherungen. Sie haben ja hier ein großartiges Petitum abgegeben. Sie werden erfüllen. Verlassen Sie sich darauf!

Kehrl: In einer Hinsicht muß man doch die Sache etwas anders machen. Bei der Glasversicherung liegt es tatsächlich so, daß hier den Hausbesitzern auf alle Fälle der Schaden ausgezahlt werden muß. Die Glasversicherungen müssen also den Schaden regulieren, wie es auch festgesetzt worden ist. Nun ist es aber so, daß die Mehrzahl dieser Gesellschaften – außer einer einzigen Aktiengesellschaft in Köln – alles ganz kleine Gegenseitigkeitsvereine sind. Die werden sicherlich gar nicht in der Lage sein, das zu tragen. Da muß noch festgestellt werden, wieweit sie durch die Rückversicherung gedeckt sind ...

Hilgard: Die Rückversicherung spielt in diesem Zusammenhang eine verhältnismäßig geringe Rolle, abgesehen von den großen Warenhausversicherungen gegen Feuer. In der Glasversicherung gibt es überhaupt keine Rückversicherung, und zwar aus dem einfachen Grunde, weil die Glasversicherung normalerweise zu unseren besten Versicherungszweigen gehört und sie infolgedessen normalerweise ein Rückversicherungsbedürfnis nicht hat. Ich muß aber hier hinzufügen, daß dieser Schaden, der jetzt entstanden ist, ungefähr die doppelte Höhe eines normalen Jahresschadens beträgt, also alle Kalkulierungen für uns, für die Tantiemen, vollkommen über den Haufen wirft. *(Zuruf Kehrl)*

Nein, Herr Generaldirektor, es ist so. Die Gesamtprämie der deutschen Glasversicherung beläuft sich, wenn ich recht unterrichtet bin, auf ungefähr 14 Millionen. Der normale Verlauf lag bei ungefähr 4 bis 5 Millionen. Die Glasversicherung ist unsere beste Branche. Da ist an sich bisher am besten verdient worden. Aber nunmehr ist der Schadensbetrag in der Gesamtheit das Doppelte eines normalen Jahresbetrages. Ganz anders liegt es bei einzelnen Spezialglasversicherungen.

Göring: Einen Moment! 4 bis 5 Millionen normal. Das Doppelte wären ungefähr 10 Millionen. 14 Millionen nehmen Sie an. Da bleiben immer noch 4 Millionen übrig.

Hilgard: Die Kosten müssen wir auch bezahlen. Nein, für uns ist es eine sehr große Katastrophe. Ich darf vielleicht ausführen, daß nach meinen Schätzungen der Gesamtschaden in ganz Deutschland sich auf ungefähr 25 Millionen Mark belaufen wird. Ich wollte vorsichtig sein.

Heydrich: Sachschaden, Inventar- und Warenschaden schätzen wir auf mehrere hundert Millionen, allerdings einschließlich des Schadens, den das Reich durch Steuerausfall erleiden wird. Umsatz-, Vermögen- und Einkommensteuer. Das wird der Herr Finanzminister sicher auch erfahren haben.

v.Krosigk: Ich habe keinerlei Einblick in den Umfang.

Heydrich: 7500 zerstörte Geschäfte im Reich.

Daluege: Eine Frage muß noch besprochen werden. Die Waren, die sich in den Läden befanden, sind nicht Eigentum des Besitzers gewesen, sondern laufen größtenteils auf Rechnung von anderen Firmen, die diese Waren geliefert haben. Jetzt kommen die unberechneten Lieferungen von Firmen, die bestimmt nicht alle jüdisch, sondern arisch sind, die Waren, die auf Kommission gegeben waren.

Hilgard: Die müssen auch bezahlt werden.

Göring: Mir wäre lieber gewesen, ihr hättet 200 Juden erschlagen und hättet nicht solche Werte vernichtet.

Heydrich: 35 Tote sind es.

Kehrl: Ich glaube, man könnte es so machen: Soweit es Juden sind, wird sowieso nicht gezahlt. Soweit es Arier sind, muß gezahlt werden, und dann mag die Versicherungsgesellschaft über die Reichsgruppe mit uns in Verbindung treten, und wir prüfen die Fälle. Ich denke an die kleinen Gegenseitigkeitsvereine, von denen man unschwer feststellen kann, daß sie das nicht tragen können... Dann werden wir schon einen Weg finden... Selbstverständlich nur da, wo es unbedingt notwendig ist.

Funk: Der Weg ist nicht notwendig...Wenn die Juden das bezahlen, brauchen es die Versicherungsgesellschaften nicht zu bezahlen.

Göring: Eben. – Also, meine Herren, es ist ganz sonnenklar. Das halten wir fest. In diesem Augenblick denkt keine Versicherungsgesellschaft – Herr Hilgard ausgenommen, der hier ist – etwas anderes, als daß sie für den Schaden zahlen muß. Sie wollen auch, und ich habe volles Verständnis dafür. Sie müssen das, damit ihnen nicht vorgeworfen werden kann, sie wären nicht stark genug, den Schaden zu tragen. Die Glasversicherung – das ist ebenfalls betont worden – war bisher das beste Geschäft. Sie hat also, wenn sie ein gutes Geschäft gemacht hat, genügend Überschüsse, und wenn sie sie nicht in lauter Dividenden verteilt hat, dann hat sie Rücklagen gemacht, um einen größeren Schaden ausgleichen zu können. Einen Schaden von 10, 12, 15 Millionen, das Dreifache eines normalen Jahresbetrages, muß eine solche Versicherungsgesellschaft decken können. Kann sie das nicht, dann muß man sich die Frage überlegen, ob man solche kleinen Versicherungsgesellschaften auf Gegenseitigkeit am Leben läßt. Es wäre ja ein Wahnsinn, Versicherungsgesellschaften zu besitzen, die solchen Schaden nicht mehr zu übernehmen in der Lage sind. Eine solche Versicherungsgesellschaft wäre absolut ein Betrug am Volk. Ich bin jetzt folgender Auffassung. Die Schäden sind festzustellen. Die Versicherungsgesellschaften haben zunächst in vollem Umfang ihrer juristischen Haftung dafür einzutreten und zu zahlen.

—

Göring: Jetzt kommen die Schäden, zunächst die Schäden, die der Jude gehabt hat, daß bei Margraf die Juwelen verschwunden sind usw. Die sind weg und werden ihm nicht ersetzt. Den Schaden hat er. Soweit die Juwelen von der Polizei wieder eingebracht werden, verbleiben sie dem Staat. Nun kommen die anderen Dinge, die Waren, die auf die Straße geschmissen worden sind, geklaut worden sind, verbrannt sind. Auch den Schaden hat der Jude.

Aber nun kommen die Kommissionsgeschichten. Hier muß der Jude den Schaden ersetzen.

Goebbels: Das braucht aber nicht in die Verordnung hinein...

Hilgard: Ich denke gerade darüber nach, inwieweit die ausländischen Versicherungsgesellschaften betroffen werden.

Göring: Die müssen ja zahlen. Wir beschlagnahmen das.

Hilgard: Gerade bei diesen Kommissionswaren kann ich mir vorstellen, daß der amerikanische Lieferant, wenn er Pelze aus England oder Amerika hierher liefert und in Kommission gibt, sie vielfach bei einer englischen oder amerikanischen Versicherungsgesellschaft versichert.

Göring: Dann zahlen die ihm den Schaden aus. Die Frage ist nur die: Glauben Sie, daß hier für diese gesamten Schäden Rückversicherungen ans Ausland sind?

Hilgard: Ganz wenig, geringfügig.

Goebbels: Da kriegt es sowieso der Staat.

Göring: Ganz klar. Der Arier kann keinen Schaden anmelden, weil er keinen hat. Der Jude ersetzt. Der Jude muß den Schaden anmelden. Er kriegt die Versicherung, aber die wird beschlagnahmt. Es bleibt also im Endeffekt immerhin doch noch insofern ein Verdienst für die Versicherungsgesellschaften, als sie einige Schäden nicht auszuzahlen brauchen. – Herr Hilgard, Sie können schmunzeln!

Hilgard: Ich habe gar keinen Grund, wenn das ein Verdienst genannt wird, daß wir einen Schaden nicht zu zahlen brauchen.

Göring: Erlauben Sie einmal! Wenn Sie juristisch verpflichtet sind, 5 Millionen zu zahlen, und auf einmal kommt Ihnen hier ein Engel in meiner etwas korpulenten Form und sagt Ihnen: 1 Million können Sie behalten, zum Donnerwetter noch einmal, ist das kein Verdienst? Ich müßte direkt Kippe mit euch machen, oder wie nennt man das sonst. – Ich merke es am besten an Ihnen selbst. Ihr ganzer Körper schmunzelt. Sie haben einen großen Rebbes gemacht …

Hilgard: Es ist für mich eine Selbstverständlichkeit, daß der ehrbare deutsche Kaufmann nicht der Leidtragende sein darf. Ich habe auch mit den Unternehmungen gesprochen, ich habe dafür gesprochen, daß der Schaden nicht an den Ariern hängenbleiben darf, und er bleibt rettungslos an den Ariern hängen, weil die Versicherungsgemeinschaft – nicht Versicherungsgesellschaft! – dadurch getroffen wird, indem sie erhöhte Prämien zahlen muß und verminderte Dividenden bekommt. Infolgedessen ist sie der endgültig Geschädigte. Das ist so und bleibt so. Das wird mir niemand abstreiten.

Göring: Dann sorgen Sie gefälligst dafür, daß nicht so viele Fensterscheiben eingeschmissen werden! Sie sind auch ein Teil des Volkes. Schicken Sie Ihre Vertreter hinaus. Die sollen sofort aufklären! – Wenn noch besondere Fragen auftauchen, dann sprechen Sie mit Herrn Lange. *(Hilgard verläßt die Sitzung)*

Meine Herren, wir fahren fort.

—

Funk: Die entscheidende Frage ist: sollen die jüdischen Geschäfte wieder aufgemacht werden müssen oder nicht?

Göring: Das hängt davon ab, wieweit diese jüdischen Geschäfte einen verhältnismäßig großen Verkehrsumsatz haben. Wenn das der Fall ist, ist das ein Zeichen dafür, daß das deutsche Volk, obwohl es ein jüdisches Geschäft ist, einfach gezwungen ist, dort zu kaufen, weil ein Bedürfnis vorliegt. Wenn wir die gesamten jüdischen Geschäfte, die jetzt zu sind, noch vor Weihnachten schließen wollten, kämen wir in Bredouille.

Fischböck: Wir haben darüber in Österreich schon einen genauen Plan, Herr Generalfeldmarschall. In Wien gibt es 12000 jüdische Handwerksbetriebe und 5000 jüdische Einzelhandelsgeschäfte. Für diese zusammen 17000 offenen Läden lag die endgültige Planung für alle Gewerbetreibenden schon vor dem Umbruch vor. Von den 12000 Handwerksbetrieben sollten nahezu 10000 endgültig gesperrt und 2000 aufrechterhalten werden. Von den 5000 Einzelhandelsgeschäften sollten 1000 aufrechterhalten d.h. arisiert und 4000 geschlossen werden. Nach diesem Plan würden also 3000 bis 3500 von den im ganzen 7000 Geschäften offenbleiben, alle übrigen geschlossen werden. Das ist auf Grund von Untersuchungen für jede einzelne Branche nach den örtlichen Bedürfnissen abgestimmt, mit allen zuständigen Stellen erledigt und kann morgen hinausgehen, sobald wir das Gesetz bekommen, das wir im September erbeten haben, das uns ermächtigen soll, ganz allgemein, ohne Zusammenhang mit der Judenfrage Gewerbeberechtigungen zu entziehen. Das wäre ein ganz kurzes Gesetz.

Göring: Die Verordnung werde ich heute machen.

Fischböck: ...Sobald wir die haben, können wir diese 10000 Geschäfte auch offiziell schließen. Das ist eine reine Schreibarbeit. Zur Durchführung ist dann noch erforderlich, daß sich irgendjemand darum kümmert, was mit den Waren geschieht, die in diesen Geschäften sind. Bis vorige Woche haben wir die Absicht gehabt, die Liquidierung der Warenlager mehr oder weniger den Juden selbst zu überlassen. Jetzt wird das nicht mehr möglich sein. Wir haben also die Absicht, für alle diese Geschäfte zusammen eine wirtschaftliche Verwertungsstelle zu schaffen...

Es handelt sich jetzt, wenn es in der Form durchgeführt wird, nur um die etwa 3000 restlichen Geschäfte, die nach der Branchenplanung zur Arisierung bestimmt sind. Für etwa die Hälfte dieser Geschäfte sind konkrete Käufer da, deren Kaufverträge soweit geprüft sind, daß sie sofort genehmigt werden können... Für die restlichen ca. 1500 Geschäfte sind die Verhandlungen in sehr vielen Fällen schon sehr weit vorgeschritten... Wenn bis Ende des Jahres für solche Verkaufsgeschäfte, die planmäßig zur Arisierung bestimmt sind, ein endgültiger Käufer nicht gefunden wird, dann wird man noch einmal prüfen, ob man sie nicht doch liquidieren soll... Die ganz wenigen Geschäfte, die dann noch übrigbleiben..., würden von der Treuhandstelle übernommen werden... Auf diese Weise könnten wir bis Ende des Jahres die gesamte nach außen sichtbare jüdische Geschäftswelt beseitigt haben.

Göring: Das wäre hervorragend!...

Ich muß sagen: der Vorschlag ist wunderbar. Dann würde in Wien, einer der Hauptjudenstädte sozusagen, bis Weihnachten oder Ende des Jahres diese ganze Geschichte wirklich ausgeräumt sein.

Funk: Das können wir auch hier machen. Ich habe für diesen Fall eine Verordnung vorbereitet, die besagt, daß Juden vom 1. Januar 1939 ab der Betrieb von Einzelhandelsverkaufsstellen und Versandgeschäften sowie der selbständige Betrieb eines Handwerks untersagt ist. Ferner ist es ihnen verboten, dafür Angestellte einzustellen oder Leistungen anzubieten, dafür zu werben oder Bestellungen darauf anzunehmen. Wo ein jüdisches Gewerbe geführt wird, ist es polizeilich zu schließen. Ein Jude kann vom 1. Januar 1939 ab nicht mehr Betriebsführer im Sinne des Gesetzes zur Ordnung der nationalen Arbeit vom 20. Januar 1934 sein. Ist ein Jude an leitender Stellung eines Wirtschaftsunternehmens tätig, ohne Betriebsführer zu sein, so kann das Anstellungsverhältnis durch den Betriebsführer mit einer Frist von 6 Wochen gekündigt werden. Nach Ablauf der Kündigungsfrist sind alle Ansprüche des Dienstverpflichteten aus dem gekündigten Vertrag einschließlich etwaiger Versorgungsansprüche erloschen. Das ist immer sehr unangenehm und eine große Gefahr. Ein Jude kann nicht Mitglied einer Genossenschaft sein. Jüdische Mitglieder von Genossenschaften scheiden bis 31. Dezember 1938 aus. Eine besondere Genehmigung ist nicht erforderlich. Die zuständigen Reichsminister werden ermächtigt, die zu dieser Verordnung erforderlichen Durchführungsbestimmungen zu erlassen.

Göring: Ich glaube, daß wir diese Verordnung unterschreiben können, (*Zurufe:* Jawohl!)

daß dann allerdings nach dem 1. Januar noch gewisse Dinge zu bereinigen bleiben werden, die wir dann auch mit Hilfe der allgemeinen Methoden bereinigen können, die wir für alles andere jüdische Vermögen unbedingt weiterführen müssen, daß wir aber in Bezug auf die Ladengeschäfte so rigoros vorgehen können, wobei wir der Meinung sind, daß sich bis zu Weihnachten genügend Käufer finden werden, um die Geschäfte, die jetzt völlig unter Druck stehen, zu erwerben, daß die Waren auch sichergestellt werden in ähnlicher Form, wie Sie das vorgeschlagen haben.

Mir scheint das einfach hervorragend vorbereitet zu sein.

Funk: In jedem einzelnen Geschäft ist alles da.

Schmeer: Es ist alles vorhanden, nur daß wir über diese Treuhandgeschichte keine Kontrolle mehr haben. Ich persönlich bin der Auffassung, daß wir das nicht nötig haben, sondern wir sind bisher mit der Arisierung ganz gut hingekommen. Für die wenigen Geschäfte, an denen wir Interesse haben, daß sie weitergeführt werden, finden wir ohne weiteres Käufer. Die übrigen

Räume werden ohne weiteres vermietet. Dafür ist gerade in Berlin großer Bedarf.

Göring: Aber lieber Freund, da kriegt der Jude den vollen Betrag!

Schmeer: Er bekommt den Betrag, der weit unter dem Wert liegt, und die Arisierung muß wie bisher genehmigt werden.

Göring: Der Jude bekommt den Betrag und kommt nicht ins Schuldbuch hinein.

Schmeer: Nein. Das können wir später laufen lassen. Er kann das Geld auch nicht fressen. Die Summe liegt ja fest, und der Jude ist laut Verordnung verpflichtet, jede Änderung in seinem Vermögensbestand anzumelden, so daß das laufend registriert wird. Das läuft uns nicht davon, sondern das haben wir im Reich. Sie brauchen nur eine Verordnung zu erlassen oder dem Wirtschaftsminister die Befugnis ... zu übertragen, um die Beschlagnahme des jüdischen Vermögens zu ermöglichen. Weglaufen kann es uns nicht.

Göring: Herr Schmeer, ist nicht folgendes möglich? Hier wird einer arisiert, bekommt 300000 Mark in die Hand. Er rennt damit um die Ecke in einen Juwelierladen herein und kauft einen Schmuck nach dem anderen auf, um am gleichen Tag noch über die Grenze zu gehen?

Schmeer: Dann muß er diese Vermögensänderung anmelden.

Göring: Wenn er aber ausrücken will!

Fischböck: Die Genehmigung zur Arisierung wird nicht erteilt, wenn der Kaufpreis ausgezahlt wird. Bei uns wird es so gemacht: es wird nur noch unter der Bedingung genehmigt, daß entweder der Kaufpreis in langfristigen Raten zu bezahlen ist, wenn der Käufer nicht bar zahlen kann, oder sofern Barzahlung erfolgt, daß der Betrag vorläufig auf Sperrkonto gelegt wird.

Göring: Das können wir auch machen.

Schmeer: Wir können in der Durchführungsverordnung sagen, daß die Zahlung von einer bestimmten Höhe an in Reichsanleihe oder sonst etwas zu erfolgen hat. Das wäre nur ein Erlaß an die Genehmigungsbehörden.

Daluege: Die Zahl der jüdischen Geschäfte ist nicht bekannt. Bis gestern sind bei uns 7500 jüdische Geschäfte gemeldet worden, und mehr werden es nicht.

Fischböck: In Wien sind durch die vorgestrigen Ereignisse 5000 geschlossen worden. Im ganzen waren es 40000.

Schmeer: Die österreichische Regelung bleibt bestehen?

Göring: Da tritt keine Änderung ein.

Fischböck: Nur daß alles geschlossen werden kann.

Heydrich: Ich weiß, daß für die Anmeldepflicht eine sehr hohe Grenze festgelegt ist, ich glaube, 3000.

Fischböck: Über 5000.

Göring: Ist das auch im Reich der Fall?

Fischböck: Jawohl, auch im Reich. Darf ich in diesem Zusammenhang noch auf ein paar andere Fragen aufmerksam machen.

Was uns außerordentlich beschäftigt, sind die jüdischen Mietzinshäuser ... Während erstaunlicherweise das jüdische Volksvermögen in Österreich nach der Anmeldung bloß 320 Millionen ausmacht, betragen die Zinshäuser allein 500 Millionen. Wir würden großen Wert darauf legen, daß nunmehr die Bestimmung über die Anforderungsmöglichkeit von jüdischen Vermögen auch auf die Zinshäuser ausgedehnt wird, so daß wir in die Lage versetzt werden, diese Häuser in eine Treuhandgesellschaft hineinzubringen und dann dem Juden Reichsschuldbuchforderungen auszuhändigen. Das wäre auch der Anlaß, die Kontribution einzuziehen, die man bei dieser Gelegenheit vorweg in Abzug bringen könnte. Die Verwaltung dieses großen Komplexes von Zinshäusern wäre überhaupt kein Problem. Dazu braucht man nur Verwalter. Solche gibt es genug. Wir würden bitten, daß wir die Zinshäuser in dieser Weise einfordern können und außerdem die Wertpapiere. Bisher ist die Frage der Wertpapiere offen geblieben. Bei uns ist ein sehr großer Teil des jüdischen Vermögens und zwar 266 Millionen Reichsmark in Wertpapieren aller Art, Aktien, aber auch festverzinslichen Wertpapieren angelegt. Eine Gefahr für den Markt ist meiner Ansicht nach deshalb nicht gegeben, weil die Papiere in eine Hand kommen, die vom Reichswirtschaftsministerium kontrolliert werden kann. Bezahlt wird mit Reichsschuldbuchforderungen. Infolgedessen tritt eine Belastung der Reichsfinanzen nicht ein; denn der Reichsfinanzminister zahlt für die Reichsschuldbuchforderungen bloß 3%. Dafür bekommt er Reichsanleihe zurück. Also er erspart noch etwas. Wenn man auch die Wertpapiere nicht verkauft, könnte man sie 30 Jahre behalten, bis die Reichsschuldbuchforderungen ausgelaufen sind.

Funk: Warum dürfen Juden keine Wertpapiere mehr behalten?

Göring: Damit wäre der Jude beteiligt.

Funk: Das ist ganz neu.

Göring: Nein, ich habe vorhin ganz klar gesagt: Aktien und Anteile.

Funk: Aktien ja, aber Schuldverschreibungen des Reiches nicht.

Fischböck: Es ist doch besser, wenn man dem Juden 3% bezahlt statt 4 1/2 %. Die Möglichkeit einer Kontrolle des jüdischen Vermögens ist ganz aus in dem Augenblick, wo wir ihm die Wertpapiere lassen.

Göring: Meine Herren, keine Diskussion, ganz ausgeschlossen, daß er die Wertpapiere behält. Die muß er weggeben.

Fischböck: Dann würde ich bitten, die Sache in der Form zu regeln, daß die Papiere abgefordert werden, damit der Wertpapiermarkt dadurch nicht gestört wird. Das kann ganz einfach geschehen. Die werden eingeliefert. Bei den Wertpapieren ist auch die Verwaltung viel einfacher. Die kann die Treuhand übernehmen. Sie gibt sie ins Depot und gibt dafür Reichsschuldbuchforderungen. Damit ist die Sache erledigt. Es fragt sich nur, ob man die Sache wieder anderweitig unterbringen will.

Funk: Da wird das Reich Besitzer von 1/2 Milliarde Wertpapieren.

Göring: Ja, ja.

Goebbels: Die kann es nach Bedarf abstoßen.

Fischböck: Es ist ja ein Gewinngeschäft.

v.Krosigk: Ich überlege mir erstens, ob es ein Gewinn ist. Das will ich einmal zugestehen. Aber zweitens kommt ein ganz neues Geschäft hinzu. Ich kann mir durchaus vorstellen, was Herr Minister Fischböck sagt. Hinsichtlich der sonstigen festverzinslichen Werte ist es eine ganz neue Idee, daß man auch hier den Juden, den man als Rentenbesitzer lassen wollte, nun zwangsweise enteignet.

Fischböck: Es ist deshalb sehr wichtig, weil die ganze Aktion keinen Erfolg hat, wenn die Juden im Besitz von Werten bleiben, die sie rasch realisieren können und mit denen sie sonst etwas anderes machen können.

Göring: Das ist es. Wir wollen dem Juden die Möglichkeit nehmen, gegen uns wieder irgendwie versteckt zu manipulieren.

Fischböck: Wenn wir z.B. nicht wollen, daß die Juden Juwelen besitzen, so würde man das dadurch verhindern können, daß sie nur Reichsanleihe behalten dürfen, also die Juwelen nur gegen Reichsanleihe erwerben könnten.

Göring: Ihre Schuldbuchforderungen würde ihnen keiner bezahlen.

Fischböck: Die sollen ja nicht übertragbar sein.

Göring: Nur mit Zustimmung.

Heydrich: Kann man nicht auf dem Umweg grundsätzlich verordnen, daß der Jude das, was er an Geld besitzt, nicht in bestimmten Werten anlegen darf, z.B. Kunstgegenständen?

Göring: Die Regelung mit den Schuldbucheintragungen ist viel einfacher. Die sind nicht übertragbar. Damit kann er nichts anfangen, und mit den 3 1/2 % kann er nicht viel machen.

Heydrich: Man muß aber auch die Ablieferung der in jüdischem Besitz befindlichen Dinge regeln.

Göring: Was er jetzt hat. Das soll ja kommen...

Ich finde: dieser Vorschlag von Fischböck ist sehr gut. Den müßte man jetzt tatsächlich in eine Form bringen, zunächst die Mietzinshäuser, die Aktienanteile usw...

Funk: Wenn über diese Debatte etwas an die Öffentlichkeit dringt, haben wir morgen einen run auf den ganzen Kapitalmarkt.

Fischböck: Deshalb haben wir diese Ideen immer zurückgestellt. Wir haben Beispiele, daß die Juden Reichsanleihe, Aktien und alles, was sie haben, Hals über Kopf verkauft haben.

Göring: Das könnte ich durch eine einzige Verordnung verhindern. Die Verordnung wäre: Der ganze Kapitalverkehr der Juden wird sofort gestoppt. Wer von Juden kauft, ist strafbar, außerdem wird das, was er kauft, eingezogen. Anders könnte ich es nicht machen.

—

Frick: Das Innenministerium muß beteiligt werden.

Göring: Das habe ich vorhin gesagt...

Nun bin ich natürlich auch der Meinung, man müßte diese wirtschaftlichen Sachen untermauern mit einer Anzahl von polizeilichen Aktionen, propagandistischen Aktionen, Kulturaktionen, damit jetzt alles herauskommt und das Judentum in dieser Woche zack-zack eins nach dem anderen um die Ohren bekommt.

Heydrich: Bei allem Herausnehmen des Juden aus dem Wirtschaftsleben bleibt das Grundproblem letzten Endes doch immer, daß der Jude aus Deutschland herauskommt. Darf ich dazu einige Vorschläge machen?

Wir haben in Wien auf Weisung des Reichskommissars eine Judenauswanderungszentrale eingerichtet, durch die wir in Österreich immerhin 50000 Juden herausgebracht haben, während im Altreich in der gleichen Zeit nur 19000 Juden herausgebracht werden konnten, und zwar ist uns das durch Zusammenarbeit mit dem zuständigen Wirtschaftsministerium und den ausländischen Hilfsorganisationen gelungen.

Göring: Vor allen Dingen habt ihr mit den örtlichen Führern der grünen Grenze zusammengearbeitet. Das ist die Hauptsache.

Heydrich: Das waren die geringsten Zahlen, Herr Generalfeldmarschall. Es sind illegal ––

Göring: Die Geschichte hat in der ganzen Weltpresse gestanden. Die Juden wurden die erste Nacht nach der Tschechei ausgewiesen. Am nächsten Morgen haben sie die Tschechen gepackt und nach Ungarn abgeschoben. Von Ungarn gings zurück nach Deutschland und zur Tschechei. Sie fuhren so herum und so herum. Schließlich landeten sie auf einer alten Prahm der Donau. Da hausten sie, und wo sie auch an Land gingen, wurden sie zurückgewiesen.

Heydrich: Das war diese Meldung. Es handelte sich um keine hundert Juden.

Göring: Es war doch 14 Tage lang praktisch so, daß

immer um Mitternacht eine Anzahl Juden auswärts gewandert sind. Das war im Burgenland.

Heydrich: Durch legale Maßnahmen sind zum mindesten 45000 Juden herausgebracht worden.

Göring: Wie war das möglich?

Heydrich: Wir haben das in der Form gemacht, daß wir den reichen Juden, die auswandern wollten, bei der jüdischen Kulturgemeinde eine gewisse Summe abgefordert haben. Mit dieser Summe und Devisenzuzahlungen konnte dann eine Anzahl der armen Juden herausgebracht werden. Das Problem war ja nicht, den reichen Juden herauszukriegen, sondern den jüdischen Mob.

Göring: Aber, Kinder, habt ihr euch das mal überlegt? Es nützt doch auch nichts, daß wir vom jüdischen Mob Hunderttausende herauskriegen. Habt ihr euch überlegt, ob dieser Weg nicht letzten Endes so viele Devisen kostet, daß er auf die Dauer nicht gangbar ist?

Heydrich: Nur die Devisen, die jeder Jude bekommen hat. (*Göring:* Einverstanden)

Auf diese Weise. Darf ich vorschlagen, daß wir eine ähnliche Zentrale im Reich unter Beteiligung der zuständigen Reichsbehörden einrichten und daß wir auf Grund dieser Erfahrungen unter Abstellung der mit Recht von Herrn Generalfeldmarschall kritisierten Fehler eine Lösung für das Reich finden? (*Göring:* Einverstanden)

Das Zweite, um die Juden herauszubekommen, müßte eine Auswanderungsaktion für das Judentum im übrigen Reich sein, die sich auf mindestens 8 bis 10 Jahre erstreckt. Wir kriegen im Jahr nicht mehr als höchstens 8- bis 10.000 Juden heraus. Es bleibt also eine Unzahl Juden drin. Durch die Arisierungen und die sonstigen Beschränkungen wird natürlich das Judentum arbeitslos. Wir erleben eine Verproletarisierung des zurückbleibenden Judentums. Ich muß also in Deutschland solche Maßnahmen treffen, daß sie auf der einen Seite den Juden isolieren, damit er nicht in den normalen Lebenskreis der Deutschen eintritt. Ich muß aber auf der anderen Seite Möglichkeiten schaffen, die den Juden auf einen engsten Kundenkreis beschränken, aber eine bestimmte Betätigung zulassen, in der Rechtsanwaltsfrage, Arztfrage, Friseurfrage usw. Diese Frage müßte auch geprüft werden.

Für die Isolierung möchte ich rein polizeilich einige Vorschläge kurz unterbreiten, die auch wegen ihres psychologischen Einflusses auf die öffentliche Meinung von Wert sind. z.B. die persönliche Kennzeichnung des Juden, indem man sagt: Jeder Jude im Sinne der Nürnberger Gesetze muß ein bestimmtes Abzeichen tragen. Das ist eine Möglichkeit, die viele andere Dinge erleichtert – in Bezug auf Ausschreitungen sehe ich keine Gefahr –, die uns auch das Verhältnis zum ausländischen Juden erleichtert.

Göring: Eine Uniform!

Heydrich: Ein Abzeichen. Dadurch könnte man auch die Schäden abstellen, die dadurch entstehen, daß die ausländischen Juden, die sich in ihrem Äußeren nicht von inländischen Juden unterscheiden, in Mitleidenschaft gezogen werden.

Göring: Aber lieber Heydrich, Sie werden nicht darum herumkommen, in ganz großem Maßstab in den Städten zu Ghettos zu kommen. Die müssen geschaffen werden.

Heydrich: Ich darf gleich zur Frage des Ghettos Stellung nehmen. Das Ghetto in der Form vollkommen abgesondereter Stadtteile, wo nur Juden sind, halte ich polizeilich nicht für durchführbar. Das Ghetto, wo der Jude sich mit dem gesamten Judenvolk versammelt, ist in polizeilicher Hinsicht unüberwachbar. Es bleibt der ewige Schlupfwinkel für Verbrechen und vor allen Dingen von Seuchen und ähnlichen Dingen. Heute ist es so, daß die deutsche Bevölkerung – wir wollen die Juden auch nicht in demselben Haus lassen – in den Straßenzügen oder in den Häusern den Juden zwingen, sich zusammenzunehmen. Die Kontrolle des Juden durch das wachsame Auge der gesamten Bevölkerung ist besser, als wenn Sie die Juden zu Tausenden und aber Tausenden in einem Stadtteil haben, wo ich durch uniformierte Beamte eine Überwachung des täglichen Lebenslaufes nicht herbeiführen kann.

Göring: Wir brauchten nur das Telefonieren nach auswärts zu unterbinden.

Heydrich: Ich könnte den Verkehr des Judentums aus diesem Stadtteil heraus doch nicht ganz unterbinden.

Göring: Und in wirklich eigenen Städten?

Heydrich: Wenn ich sie in vollkommen eigene Städte tue, jawohl. Dann bildet diese Stadt aber ein solches Zentrum für Verbrechergesindel, daß sie die größte Gefahr darstellt. Ich würde andere Wege gehen. Ich würde Sperrgebiete für das Judentum einrichten und würde sagen: in München das Regierungsviertel und das Gebiet . . .

Göring: Halt! Mir kommt es weniger darauf an, daß die Juden nicht irgendwo auftauchen, wo ich sie nicht haben will, sondern mir kommt es mehr auf folgendes an. Wenn der Jude jetzt nicht mehr in der Arbeit drin ist, wird er bescheiden leben müssen. Von den 3 1/2 % wird er keine großen Sprünge machen können mit Speisehäusern usw. Er wird mehr arbeiten müssen. Das wird eine Zusammenfassung des Juden ergeben, die vielleicht noch von vornherein irgendwie die Kontrolle erleichtert. Man weiß: in diesem Hause wohnen nur Juden. Wir müssen auch die jüdischen Metzger, Friseure, Lebensmittelhändler usw. in jüdischen Straßenzügen zusammenbringen. Es ist allerdings die Frage, ob wir das noch dulden wollen. Wenn nicht, dann muß der Jude beim Arier kaufen.

Heydrich: Nein. Ich würde sagen, daß man es für die kleinen Dinge des täglichen Lebens ausschaltet, daß der Deutsche den Juden bedient.

Göring: Einen Moment! Verhungern lassen können Sie ihn nicht. Jetzt kommt aber folgende Schwierigkeit: Wenn Sie sagen, daß der Jude soundso viele Geschäfte des Einzelhandels bedienen kann, dann sind wieder welche im Geschäft drin, und die nächste Erweiterung ist: er muß sich beim Engros-Laden eindecken.

Schmeer: In einer Kleinstadt ist das gar nicht durchführbar.

Göring: Das wäre nur durchführbar, wenn Sie von vornherein ganze Stadtteile bzw. ganze Städte für den Juden reservieren. Sonst müssen Sie zulassen, daß nur Deutsche im Geschäftsverkehr bleiben und der Jude dort kaufen muß. Sie können keine jüdische Barbierstube einrichten. Der Jude muß doch Lebensmittel, muß Strümpfe kaufen können.

Heydrich: Es muß entschieden werden, ob man das will oder nicht.

Göring: Ich möchte das gleich heute entscheiden. Wir können hier nicht noch einmal eine Art Unterteilung vornehmen. – Das geht nicht –, daß wir sagen: soundso viele Geschäfte bleiben für den Juden bestehen; denn dann hört sofort die Kontrolle wieder auf, weil diese Geschäfte wieder Engrosgeschäfte brauchen usw.. Ich möchte sagen: Alles, was Geschäft ist, soll arisches Geschäft sein, wo der Jude kaufen kann. Man kann höchstens einen Schritt weitergehen und sagen: Voraussichtlich werden die und die Geschäfte in der Hauptsache von Juden aufgesucht werden. Man könnte gewisse Barbierstuben durch Juden einrichten. Man könnte gewisse Konzessionen in der Richtung geben, einen Beruf in bestimmten Straßenzügen für bestimmte Aufgaben auszuüben. Läden aber nicht.

Heydrich: Wie wäre es im Ghetto? Müßte da der Jude in den arischen Teil zum Einkaufen gehen?

Göring: Nein. Da würde ich sagen: es gibt genug deutsche Geschäftsleute, die sich mit Wonnegrunzen in das Ghetto hereinsetzen, weil sie da ein Geschäft machen. Ich würde nicht mehr von dem Grundsatz abweichen, daß der Jude in der Wirtschaft nichts mehr zu suchen hat.

Heydrich: Das möchte ich nicht entscheiden. – Dann einige Dinge, die auch psychologisch wichtig sind.

Göring: Wenn wir überhaupt einmal ein Ghetto haben, können wir feststellen, welche Geschäfte da herein müssen, und dann kann man sagen: du, Jude Soundso, bekommst jetzt mit Demunddem zusammen die Konzession für die Anlieferung. Dann wird eine deutsche Engrosfirma beauftragt, für dieses jüdische Geschäft zu liefern. Dieses Geschäft ist dann nicht ein Einzelgeschäft, sondern eine Konsumwirtschaft, ein Konsumverein für die Juden.

Heydrich: Diese ganzen Maßnahmen werden praktisch-organisch zu einem Ghetto führen. Ich muß sagen: man soll heute nicht ein Ghetto bauen wollen. Aber durch diese Maßnahmen werden die Juden automatisch in ein Ghetto gedrängt in der Form, wie das angedeutet wurde.

Funk: Der Jude muß ganz eng zusammenrücken. Was sind 3 Millionen? Da muß der einzelne für den anderen einstehen. Der einzelne verhungert ...

Heydrich: Als Maßnahme würde ich weiter vorschlagen, daß man alle persönlichen Berechtigungen wie Zulassungsscheine und Führerscheine den Juden entzieht, daß der Jude nicht Eigentümer von Kraftwagen sein darf, daß er aber auch nicht fahren darf, weil er damit deutsches Leben gefährden kann, daß man ihn weiterhin in seiner Freizügigkeit durch Aufenthaltsverbote beschränkt. Ich würde sagen: Der Königliche Platz in München, die Reichsweihestätte, darf in einem bestimmten Umkreis von Juden nicht mehr betreten werden. Dasselbe bei kulturellen Einrichtungen, Grenzzäunen, Festungswerken. Des weiteren, was Minister Dr. Goebbels vorhin sagte: Ausschließung der Juden von öffentlichen Theatern, Kinos usw..

Zum Kurbetrieb darf ich folgendes sagen. Der Kurbetrieb in der Heilstätte ist an sich eine Zusatzangelegenheit der Körpergesundung, die nicht unbedingt für den einzelnen Menschen notwendig ist. Viele Millionen deutscher Volksgenossen sind nicht in der Lage, ihren Gesundheitszustand durch einen Besuch eines Heilbades zu verbessern. Ich sehe nicht ein, warum der Jude überhaupt in Bäder gehen soll.

Göring: In Heilbäder, nein.

Heydrich: Dann würde ich dasselbe für die Krankenhäuser vorschlagen. Ein Jude kann nicht im Krankenhaus mit arischen Volksgenossen zusammenliegen.

Göring: Aber das muß allmählich gemacht werden.

Heydrich: Dasselbe mit den öffentlichen Verkehrsmitteln.

Göring: Gibt es nicht jüdische Sanatorien und jüdische Krankenhäuser? (*Zurufe:* Jawohl.) Das muß alles durchgefiedelt werden. Diese Dinge müssen hintereinanderweg herauskommen.

Heydrich: Ich wollte bloß grundsätzlich das Einverständnis erbitten, daß wir diese Dinge einleiten dürfen.

Göring: Noch eine Frage, meine Herren: Wie beurteilen Sie die Lage, wenn ich heute verkünde, daß dem Judentum als Strafe diese 1 Milliarde als Kontribution auferlegt wird?

Bürckel: Die Wiener werden sehr damit einverstanden sein.

Goebbels: Ich meine, ob die Juden die Möglichkeit haben, sich zu entziehen, etwas auf die Seite zu schaffen.

Brinkmann: Dann machen sie sich schon strafbar.

v.Krosigk: Herr Fischböck, eine Frage: Kann man die Kontribution ausschreiben, ohne gleichzeitig ein Verbot der Versilberung herausgehen zu lassen? Es ist natürlich die Gefahr gegeben, daß sie ihre Anleihen auf den Markt schmeißen.

Funk: Das ist alles angemeldet. Das Geld müssen sie auch angeben.

v.Krosigk: Aber sie können vorläufig darüber verfügen.

Göring: Es nützt ihnen nichts, wenn sie das versilbern. Das Geld können sie nicht weggeben.

Funk: Wenn sie ihre Effekten verkaufen, haben sie den Schaden.

Fischböck: Die Gefahr hat schon etwas für sich. Aber ich glaube nicht, daß sie sehr groß ist. Das setzt allerdings voraus, daß man tatsächlich die anderen Maßnahmen im Laufe der nächsten Woche trifft.

v.Krosigk: Spätestens im Laufe der nächsten Woche müssen sie getroffen werden.

Göring: Das würde ich als Bedingung setzen.

Fischböck: Es ist vielleicht gut, wenn wir uns selbst auf diese Weise unter Druck setzen.

Göring: Ich werde den Wortlaut wählen, daß die deutschen Juden in ihrer Gesamtheit als Strafe für die ruchlosen Verbrechen usw. usw. eine Kontribution von 1 Milliarde auferlegt bekommen. Das wird hinhauen. Die Schweine werden einen zweiten Mord so schnell nicht machen. Im übrigen muß ich noch einmal feststellen: Ich möchte kein Jude in Deutschland sein.

v.Krosigk: Deswegen möchte ich erst einmal das stark unterstreichen, was Herr Heydrich zu Anfang gesagt hat: Wir müssen alles versuchen im Wege eines zusätzlichen Exportes, die Juden herauszubringen ins Ausland. Das muß doch immer das entscheidende sein, daß wir nicht das ganze Gesellschaftsproletariat hier behalten. Es wird immer eine Last sein, sie zu behandeln, die fürchterlich ist.(*Frick:* Und eine Gefahr.)

Ich stelle mir den Zwang zum Ghetto auch nicht gerade als angenehme Aussicht vor... Infolgedessen muß das Ziel sein, was Heydrich gesagt hat: heraus, was herausgebracht werden kann!

Göring: Das zweite ist folgendes. Wenn das deutsche Reich in irgendeiner absehbaren Zeit in außenpolitischen Konflikt kommt, so ist es selbstverständlich, daß auch wir in Deutschland in allererster Linie daran denken werden, eine große Abrechnung an den Juden zu vollziehen. Darüber hinaus wird der Führer jetzt endlich einen außenpolitischen Vorstoß machen, zunächst bei den Mächten, die die Judenfrage aufgeworfen haben, um dann tatsächlich zur Lösung der Madagaskar-Frage zu kommen. Das hat er mir am 9. November auseinandergesetzt. Es geht nicht mehr anders. Er will auch den anderen Staaten sagen: „Was redet ihr immer von den Juden? – Nehmt sie!" ...Ich möchte noch einmal zusammenfassen: Der Wirtschaftsminister wird die Kommission leiten und wird alle Maßnahmen, die in dieser Richtung liegen, in wenigen Tagen in irgendeiner Form treffen.

Blessing: Ich habe Bedenken, daß die Juden in den nächsten Tagen ab Montag für Hunderttausende Reichsanleihe verkaufen, um sich Mittel zu beschaffen. Da wir den Kurs der Reichsanleihe halten in Hinblick darauf, daß wir weiter Reichsanleihe begeben wollen, müßte das Anleihekonsortium bzw. der Reichsfinanzminister diese Reichsanleihe aufnehmen.

Göring: In welcher Form kann der Jude seine Reichsanleihe auf den Markt bringen? (*Zuruf:* Verkaufen!)

An wen? (*Zuruf:* An der Börse. Er gibt Auftrag an eine Bank.)

Dann sperre ich den Verkauf der Reichsanleihe für drei Tage.

Blessing: Das müßte durch eine Verordnung geschehen.

Göring: Ich sehe nur keinen Vorteil für den Juden darin. Er weiß auch nicht, wieviel er selbst zu zahlen hat. Ich glaube im Gegenteil: er wird sich zunächst nicht rühren.

Goebbels: Im Augenblick ist er klein und häßlich und bleibt zu Hause.

Göring: Ich würde keine Logik darin sehen. Sonst muß man das tun. Weshalb ich die Veröffentlichung rasch haben will: wir haben zwar momentan Ruhe, aber wer garantiert mir dafür, daß am Sonnabend/Sonntag nicht eine neue Sache kommt. Ich will ein für allemal jede Sonderaktion beseitigen. Das Reich hat die Sache in die Hand genommen . . .

Die „Antwort des deutschen Volkes"

Noch am Tage der Konferenz unterzeichnet Göring – als Beauftragter des Vierjahresplans – die Verordnungen, die das Schicksal der Juden in Deutschland besiegeln und die bereits am Montag, den 14. November 1938 – eine Woche nach dem Attentat – im Reichsgesetzblatt verkündet werden.

Zunächst die harmlos klingende *Verordnung zur Wiederherstellung des Straßenbildes bei jüdischen Gewerbebetrieben*[1], in der folgendes statuiert wird:

> „§ 1 Alle Schäden, welche durch die Empörung des Volkes über die Hetze des internationalen Judentums gegen das nationalsozialistische Deutschland, am 8., 9. und 10. November 1938 an jüdischen Gewerbebetrieben und Wohnungen entstanden sind, sind von dem jüdischen Inhaber oder jüdischen Gewerbetreibenden sofort zu beseitigen.
>
> § 2 (1) Die Kosten der Wiederherstellung trägt der Inhaber der betroffenen jüdischen Gewerbebetriebe und Wohnungen.
>
> (2) Versicherungsansprüche von Juden deutscher Staatsangehörigkeit werden zugunsten des Reiches beschlagnahmt."

Alsdann die folgenschwere *Verordnung über eine Sühneleistung der Juden deutscher Staatsangehörigkeit*[2], in der es einleitend heißt: „Die feindliche Haltung des Judentums gegenüber dem deutschen Volk und Reich, die auch vor feigen Mordtaten nicht zurückschreckt, erfordert entschiedene Abwehr und harte Sühne", und in der Göring alsdann bestimmt:

„§ 1 Den Juden deutscher Staatsangehörigkeit in ihrer Gesamtheit wird die Zahlung einer Kontribution von 1000000000 Reichsmark an das Deutsche Reich auferlegt."

Schließlich, neben den unmittelbar auf die Reichskristallnacht bezogenen Verordnungen, die entscheidende *Verordnung zur Ausschaltung der Juden aus dem deutschen Wirtschaftsleben*[3], nach der es Juden ab 1.1.1939 untersagt ist, ein Geschäft oder einen Handwerksbetrieb zu führen, an Märkten oder Messen teilzunehmen, Mitglied einer Genossenschaft zu sein usw. und nach der leitenden Angestellten mit einer sechswöchigen Frist ohne weiteres und unter Verlust aller wohlerworbenen Rechte gekündigt werden kann.

Am 21. November 1938 legt der Finanzminister seine „Durchführungsverordnung über die Sühneleistung der Juden" vor.[4] Da das jüdische Vermögen in Deutschland auf fünf Milliarden Reichsmark geschätzt wird, wird eine zusätzliche Vermögensabgabe von 20% verordnet, deren erster Teilbetrag bereits am 15. Dezember 1938 fällig ist.

Eine „Verordnung über den Einsatz des jüdischen Vermögens" vom 3.12.1938 macht die Zwangsarisierung perfekt. Sie sieht für die Juden *Fristen* zur Veräußerung ihrer Gewerbebetriebe und Grundstücke sowie zur Ablieferung ihrer Wertpapiere (Depotzwang) vor und macht jede weitere Vermögensverfügung von der Zustimmung des Wirtschaftsministers abhängig.[5]

Bereits am 18. November 1938 hatte Göring im Reichsverteidigungsrat folgendes erklärt: „Sehr kritische Lage der Reichsfinanzen. Abhilfe zunächst durch die der Judenschaft auferlegte Milliarde und durch die Reichsgewinne bei der Arisierung jüdischer Unternehmen."[6]

Mit anderen Worten: Die deutschen Juden haben den

Kriegsbeginn und damit ihre eigene Vernichtung vorfinanzieren müssen.

Die letzte „Parole der Woche" der Reichspropagandaleitung der NSDAP lautet für 1938: „Ein gottgesegnetes Kampfjahr geht zu Ende. Ein Jahr, von dem auch in tausend Jahren Deutsche noch mit Stolz und Ehrfurcht sprechen werden."[7]

Bilanz

Der Pogrom im November 1938 steht in der deutschen Geschichte einzigartig da. Er hat für wenige Tage alle sittlichen Werte und rechtlichen Schranken aufgehoben, er hat das politische Leben in Deutschland radikal verändert. Nichts war nach dem Pogrom mehr so wie es vorher war, und niemand, der hieran irgendwie beteiligt war, kann sich von den verheerenden Auswirkungen dieser Aktion freizeichnen.

Graml schreibt in der Vorbemerkung zu seiner Untersuchung über die „Reichskritallnacht": „Mehr noch als Weltkrieg, Revolution und Inflation, die doch nur Emanationen europäischen Lebensgefühls zerstörten..., führte der Pogrom den ethischen Fortschrittsglauben des 19. Jahrhunderts ad absurdum. Hatte sich in den ersten Jahren nach dem 30. Januar 1933 der Nationalsozialismus noch bemüht, die Fassade des Rechtsstaates aufrechtzuerhalten, konnten Ausschreitungen anfangs noch mit revolutionären Notwendigkeiten und revolutionärem Übereifer entschuldigt werden, so wurde nun das Fundament des Rechtsstaates, sein Kern angebohrt und gesprengt. Der Pogrom war nicht mehr, wie frühere Ereignisse, eine Attacke gegen die Institutionen des Rechtsstaates, seine Kompetenzen, Ämter und Instanzen, der Pogrom verletzte bewußt das innere rechtsstaatliche Lebensgesetz. Er führte einen tödlichen Schlag, durchbrach die aus ethischen Postulaten gewachsene Schutzzone um das Individuum und setzte das Bürgerliche Gesetzbuch und das Strafgesetzbuch kurzerhand außer Kraft."[1]

In der Tat. Was immer wir von der Reichskristallnacht denken und wie immer wir sie politisch einordnen mögen – zunächst war und ist sie eine nicht enden wollende Kette von *Straftaten* quer durch das Strafgesetzbuch des Deutschen Reiches.

In der Reichskristallnacht sind hundert- und tausendfach die nachfolgenden Verbrechen und Vergehen begangen worden: Einfacher und gemeinschaftlicher Hausfriedensbruch (§ 123), schwerer Hausfriedensbruch (§ 124), einfacher und schwerer Landfriedensbruch (§ 125), Bildung bewaffneter Haufen (§ 127), Volksverhetzung (§ 130), Religionsbeschimpfung (§§ 166, 167), Vergewaltigung (§ 177), Beleidigung (§ 185), Mord (§ 211), Totschlag (§ 212), Körperverletzung (§ 223), gefährliche Körperverletzung (§ 223a), schwere Körperverletzung (§ 224), Freiheitsberaubung (§ 239), Nötigung (§ 240), Diebstahl (§ 242), schwerer Diebstahl (§ 243), Raub (§ 244), Erpressung (§ 253), einfache Sachbeschädigung (§ 303), gemeinschaftliche Sachbeschädigung (§ 304), Zerstörung von Bauwerken (§ 305), einfache und schwere Brandstiftung (§§ 306 – 308).

Alle diese Straftaten, die unter normalen Umständen im geringsten Fall Gefängnisstrafe, in den meisten Fällen langjährige Zuchthausstrafen und etwa hundertfach die Todesstrafe nach sich gezogen hätten, sind praktisch ungesühnt geblieben.

Der Oberste Parteirichter der NSDAP, Walter Buch, hat im Februar 1939 einen „Bericht über die Vorgänge und parteigerichtlichen Verfahren, die im Zusammenhang mit den antisemitischen Kundgebungen vom 9. November 1938 stehen" vorgelegt.[2]

In diesem Bericht, einem der aufschlußreichsten Dokumente der NS-Rechtsgeschichte – heißt es:

Ende November 1938 erhielt das Oberste Parteigericht durch Meldungen mehrerer Gaugerichte davon Kenntnis, daß es bei Durchführung (!) der Demonstrationen vom 9.11.1938 in erheblichem Umfang u.a. zu Plünderungen und Tötungen von Juden gekommen war, die bereits Gegenstand polizeilicher und staatsanwaltlicher Untersuchungen waren. Der Stellvertreter des Führers teilte die Auffassung des Obersten Parteigerichts, daß die bekannt gewordenen Ausschreitungen jedenfalls zunächst von der Gerichtsbarkeit der Partei zu untersuchen seien:

1. wegen des offenbaren Zusammenhangs der zu beurteilenden Vorgänge mit den Weisungen, die der Reichspropagandaleiter Pg. Dr. Goebbels während des Kameradschaftsabends im Rathaus-Saal gegeben hatte. Ohne Nachprüfung und Würdigung dieser Zusammenhänge schien eine gerechte Beurteilung der Täter nicht möglich. Diese Prüfung konnte aber nicht unzähligen staatlichen Gerichten überlassen werden, zumal die Kundgebungen inzwischen in der Öffentlichkeit als spontan aus der Volksstimmung heraus entstanden dargestellt (!) waren;

2. muß es nach Auffassung des Obersten Parteigerichts grundsätzlich unmöglich sein, daß politische Straftaten, die primär das Interesse der Partei berühren, die – sei es auch nur vom Standpunkt des Täters aus – als illegale Maßnahmen von der Partei gewollt sind, von den staatlichen Gerichten festgestellt und abgeurteilt werden, ohne daß die Partei die Möglichkeit hat, sich vorher durch ihre eigenen Gerichte Klarheit über die Vorgänge und Zusammenhänge zu verschaffen, um gegebenenfalls den Führer um Niederschlagung der Verfahren vor den staatlichen Gerichten bitten zu können. Aus solchen Erwägungen hat der Generalfeldmarschall Pg. Göring als Beauftragter des Führers Geheime Staatspolizei und Parteigerichtsbarkeit mit der Untersuchung der Ausschreitungen betraut.

Das Oberste Parteigericht hat sich die Untersuchung der Tötungen, schweren Mißhandlungen und Sittlichkeitsverbrechen vorbehalten. Auf Grund der staatspolizeilichen Ermittlungen wurden von dem in zweifacher Besetzung tätigen Sondersenat des Obersten Parteigerichts im *Schnellverfahren* die bis zum 17.1.1939 ermittelten

Fälle mit Hauptverhandlungen abgeschlossen. Gauleiter und Gruppenführer der Gliederungen haben als Schöffen bei den Verhandlungen und Entscheidungen mitgewirkt. Die Entscheidungen, die aus später zu behandelnden Gründen z.T. nur die Feststellungen des Tatbestandes enthalten, liegen an.

Das Parteigericht hat von den 16 untersuchten Fällen überhaupt nur 2 Täter den staatlichen Gerichten überstellt und zwar wegen „Rassenschande".

In zwei weiteren Fällen hat es wegen „befehlswidriger" Tötung von Juden, d.h. wegen der darin liegenden Disziplinlosigkeit eine *Verwarnung* ausgesprochen.

In den anderen Fällen der Tötung von Juden – auch dort, wo das Parteigericht selbst den Tatbestand der „Ermordnung durch Ertränken" festgestellt hat – hat es die Verfahren eingestellt oder „geringfügige Strafen" ausgesprochen.

In allen diesen Fällen bittet das Oberste Parteigericht den Führer, die Verfahren vor den staatlichen Strafgerichten niederzuschlagen, da es sich um Tötung auf Befehl gehandelt habe:

Soweit ein klarer Befehl vorliegt, bedarf die Bitte um Niederschlagung des Verfahrens gegen die unmittelbaren Täter keiner weiteren Begründung. Der Befehl muß die Verantwortung verlagern vom Handelnden auf den Befehlsgeber. Die Männer haben zudem vielfach schwerste innere Hemmungen niederkämpfen müssen, um den Befehl durchzuführen. Es ist ... eben nicht Sache unserer SA- und SS-Männer, nachts in Räuberzivil in Schlafzimmer einzudringen, um selbst den verhaßten politischen Gegner neben oder mit seiner Frau zu erledigen.

Die Nachprüfung der Befehlsverhältnisse hat ergeben, daß in all diesen Fällen ein Mißverständnis in irgend einem

Glied der Befehlskette entstanden ist, insbesondere dadurch, daß es dem aktiven Nationalsozialisten aus der Kampfzeit selbstverständlich ist, daß Aktionen, bei denen die Partei nicht als Organisator in Erscheinung treten will, nicht mit letzter Klarheit und in allen Einzelheiten befohlen werden. Er ist infolgedessen gewohnt, aus einem solchen Befehl mehr herauszulesen, als wörtlich gesagt ist, wie es auch auf der Seite des Befehlsgebers vielfach Übung geworden ist, im Interesse der Partei – gerade *wenn* es sich um illegale politische Kundgebungen handelt – nicht alles zu sagen und nur anzudeuten, was er mit dem Befehl erreichen will. So hat wohl jeder, der im Rathaussaal anwesenden Parteiführer die Weisung des Pg. Dr. Goebbels, daß die Partei diese Demonstration nicht zu organisieren habe, so aufgefaßt, daß die Partei als Organisator nicht in Erscheinung treten solle; Pg. Dr. Goebbels wird sie auch so gemeint haben, denn die politisch interessierten und darüber hinaus aktiven Kreise, die für solche Demonstrationen in Frage kommen, stehen eben in der Partei und ihren Gliederungen. Sie konnten selbstverständlich auch nur durch Dienststellen der Partei und der Gliederungen mobilisiert werden.

Alsdann übt das Parteigericht an der Goebbelschen Taktik unverhohlene Kritik:

Eine andere Frage ist die, ob der absichtlich unklar, in der Erwartung gegebene Befehl, der Befehlsempfänger werde den Willen des Befehlsgebers erkennen und danach handeln, nicht im Interesse der Disziplin der Vergangenheit angehören muß. In der Kampfzeit mochte er in einzelnen Fällen notwendig sein, um einen politischen Erfolg herbeizuführen, ohne dem Staat die Möglichkeit zu geben, die Urheberschaft der Partei nachzuweisen. Dieser Gesichtspunkt fällt heute weg. *Auch die Öffentlichkeit weiß bis auf den letzten Mann, daß politische Aktionen wie die des 9. November von der Partei organisiert und durchgeführt sind, ob dies zugegeben wird oder nicht. Wenn in einer Nacht sämtliche Synagogen abbrennen, so muß das*

Nacht sämtliche Synagogen abbrennen, so muß das irgendwie organisiert sein und kann nur organisiert sein von der Partei.

In diesem nüchternen, bisweilen schroffen, Parteibericht wird – ungewollt und keineswegs für die Öffentlichkeit bestimmt – der Schleier zerrissen, den die Hauptakteure mehr oder weniger kunstvoll über die verhängnisvolle Nacht des Pogroms gelegt und hinter dem sie ihren Tatbeitrag vor der Öffentlichkeit und selbst innerhalb der NS-Bewegung zu verbergen versucht haben.

Die Vernebelungstaktik der Hauptakteure hat ihre Wirkung nicht verfehlt. Noch heute herrscht Unklarheit über die eigentlichen Hintergründe des Pogroms, und noch heute werden abenteuerliche Theorien über seine angeblichen Urheber verbreitet. Es ist an der Zeit, den Schleier, der über der Reichskristallnacht eigentümlich liegt, zu zerreißen und die Täter und Teilnehmer des Pogroms nach Maßgabe ihres Tatbeitrages ein für allemal zu überführen – allen voran *Adolf Hitler*, der es geradezu meisterhaft verstanden hat, seine Tatherrschaft innerhalb des Pogroms zu verdecken und derart in den Hintergrund zu treten, daß in der Bevölkerung, selbst in den Reihen der Partei, wieder einmal die Legende entstehen konnte, der Führer habe von den Ausschreitungen nichts gewußt, er sei von ihnen überrascht worden, hätte sie nicht zugelassen usw.

Diese Kunst, sich in prekären Situationen unsichtbar zu machen, hat Hitler nicht nur davor bewahrt, als Staatsoberhaupt mit den Ausschreitungen identifiziert zu werden, sondern ihm überhaupt jede eindeutige Festlegung erspart. Sie lag auch im Interesse der Partei, da sie der Pflege des in der Bevölkerung verankerten mythischen Führerbildes diente.

In diesem Zusammenhang ist der Brief einer verdienten Frauenschaftsführerin an die Frau des Obersten Parteirichters Buch vom 25.11.1940 besonders aufschlußreich. Diese überzeugte Nationalsozialistin, die sich in ihrem Brief nicht scheut, die Morde an Geisteskranken anzuprangern, schreibt:

> Jetzt klammern die Menschen sich noch an die Hoffnung, daß der Führer um diese Dinge nicht weiß, nicht wissen *könne*, sonst würde er dagegen einschreiten; auf keinen Fall wisse er, in welcher Weise und in welchem Unfang sie geschehen...
>
> Es ist ja immer ergreifend, gerade bei einfachen Menschen diesem Vertrauen, diesem selbstverständlichen: „Der Führer weiß davon selbstverständlich nichts" zu begegnen, und *diese Waffe müssen wir blank erhalten wie keine andere.*[3]

Hitler, der sich zum Pogrom niemals öffentlich geäußert und im Grunde so getan hat, als habe er hiervon keine Ahnung, scheint selbst seine engere Umgebung getäuscht zu haben.

Göring hat noch im Nürnberger Prozeß zur Reichskristallnacht erklärt, daß nach seiner Kenntnis Goebbels „mindestens als Urheber" stark beteiligt gewesen sei.[4] Inzwischen wissen wir aus den nachgelassenen Tagebüchern des Diplomaten und Widerstandskämpfers von Hassell, daß Göring über die wahren Zusammenhänge selbstverständlich Bescheid wußte. Als der preußische Finanzminister Popitz ihm nach dem Pogrom erklärte, die Verantwortlichen müßten bestraft werden, antwortete Göring: „Mein lieber Popitz, wollen Sie den Führer bestrafen?"[5]

Problematischer scheint der Fall bei Himmler zu liegen, der noch in der Nacht des Pogroms folgende Zweckerklärung zu Papier gebracht hat: „Als ich den

Führer fragte, hatte ich den Eindruck, daß er von den Vorgängen nichts wußte. Der Befehl kommt von der Reichspropaganda-Leitung und ich vermute, daß Goebbels in seinem mir schon lange aufgefallenen Machtstreben und in seiner Hohlköpfigkeit gerade jetzt in der außenpolitisch schwersten Zeit diese Aktion gestartet hat."[6]

Wirklich? Konnte Himmler, mit den Befehlsverhältnissen im Dritten Reich bestens vertraut, ernsthaft glauben, daß Goebbels, in welcher Eigenschaft auch immer, eine Aktion dieses Ausmaßes ohne Wissen des Führers befohlen und etwa hinter dessen Rücken durchgeführt hätte?

Schon die Einleitung seiner Notiz („Ich habe den Führer gefragt, welche Befehle er für mich habe. Der Führer antwortete mir, daß sich die SS aus dieser Aktion heraushalten solle") spricht dagegen und entlarvt sie als taktische, in erster Linie gegen Goebbels selbst gerichtete Zweckerklärung, die Himmler nicht ohne Grund versiegelt und in seinem Panzerschrank aufbewahrt haben wird.

In Wahrheit kann es an Hitlers Urheberschaft und allererster Verantwortung für den Pogrom nicht den Schatten eines Zweifels geben.

Mitarbeiter aus seiner engsten Umgebung haben dies bezeugt. Reichspressechef Otto Dietrich, der sich als Presseattaché Hitlers verstand und fast ständig in seiner unmittelbaren Nähe war, schreibt in seinem Erinnerungsbuch:

> Die Aktion, die als spontan gelten sollte..., war inszeniert... Der schmutzige Befehl, der auch in der Partei schwere Bedenken auslöste, wurde Goebbels am Abend des 9. November in Hitlers Privatwohnung in München erteilt und wie ich aus einwandfreier Quelle erfuhr, war er von einem Wutausbruch Hitlers begleitet, als sich Hem-

mungen bei den mit der Durchführung betrauten Personen bemerkbar machten.[7]

Diese Darstellung, die mit ihrer (nachträglichen) Entrüstung noch als Versuch eigener Reinwaschung verstanden werden könnte, wird durch einen vollkommen neutralen und über jeden Zweifel erhabenen Zeugen, durch C.J. Burckhardt, bestätigt, der in seinem dienstlichen Bericht an den Generalsekretär des Völkerbundes, Avenol, vom 2.Dezember 1938 folgendes festgehalten hat: „Ich erfuhr aus sicherer Quelle, daß der Befehl zum Einsatz dieses Fortissimo vom Reichskanzler selbst gegeben worden war."[8]

Im Grunde wird dieser Sachverhalt auch durch die Rede von Goebbels offengelegt. Der Hinweis von Goebbels, daß der Führer – auf seinen Vortrag – *entschieden* habe, den Demonstrationen sei nicht entgegenzutreten, beinhaltete für alle, die es anging, den deutlichen Hinweis, daß bei zukünftigen Gewalttätigkeiten das Einschreiten von Polizei und Feuerwehr nicht zu befürchten sei.

Goebbels muß in diesem Punkt noch deutlicher geworden sein, als dies im Bericht des Obersten Parteigerichts zum Ausdruck kommt. Sonst hätte sich in den nachgeordneten Befehlen der SA nicht durchgehend der aufmunternde Hinweis gefunden, die Polizei dürfe nicht einschreiten, der Führer wünsche, daß die Polizei nicht eingreife usw.

Dem entspricht vollkommen der Passus in Heydrichs Blitzfernschreiben, wonach die stattfindenden Demonstrationen „von der Polizei nicht zu verhindern" seien.

Überdeutlich ist dies in Ziffer 6 des Fernschreibens zum Ausdruck gebracht: „Der Inhalt *dieses Befehls* ist an die zuständigen Inspekteure und Kommandeure der Ordnungspolizei und an die SD-Oberabschnitte und

SD-Unterabschnitte weiterzugeben mit dem Zusatz, daß der Reichsführer SS und Chef der deutschen Polizei diese polizeiliche Maßnahme angeordnet hat."

Dies sind nun aber genau diejenigen Instruktionen, die Himmler von Hitler höchstpersönlich in Empfang genommen und an Heydrich sowie an die Oberabschnittsführer der Allgemeinen SS im Hotel „Vierjahreszeiten" weitergegeben hatte.

Exkurs: Selbst wenn Hitlers Haupturheberschaft von Eingeweihten nicht bezeugt und die zitierten Beweismittel niemals aufgefunden worden wären, würde sie sich aus der Struktur der NS-Herrschaft, aus dem Wesen der *Führergewalt* wie von selbst ergeben, die der Kieler Professor Huber einmal wie folgt charakterisiert hat: „Die Führergewalt ist umfassend und total; sie vereinigt in sich alle Mittel der politischen Gestaltung; sie erstreckt sich auf alle Sachgebiete des völkischen Lebens; sie erfaßt alle Volksgenossen, die dem Führer zu Treue und Gehorsam verpflichtet sind. Die Führergewalt ist nicht durch Sicherungen und Kontrollen, durch autonome Schutzbereiche und wohlerworbene Einzelrechte gehemmt, sondern ist frei und unabhängig, ausschließlich und unbeschränkt."[9]

Mochte die NSDAP sich als Repräsentantin und politisch-ideologische Führerin der völkischen Bewegung, als Instanz der politischen Willensbildung gegenüber dem Staat verstehen („Die Partei befiehlt dem Staat") – *über* der Partei (und über dem Staat) stand der *Führer*!

Mochten Hitlers Unterführer innerhalb ihres Aufgabenbereiches noch so viel Macht versammelt haben und zu (relativer) Selbständigkeit gekommen sein – sie alle leiteten ihre Befugnisse aus einem vom Führer erteilten *Sonderauftrag* ab und waren diesem (und nur diesem!) unmittelbar verantwortlich.

Für sie alle gilt das Wort Himmlers: „Ich tue nichts, was der Führer nicht weiß" – und man möchte einmal den Unterführer sehen, der eine Großaktion von den geschichtlichen Ausmaßen eines Pogroms ohne Wissen des Führers oder gar gegen dessen Willen in Szene gesetzt hätte, ohne sich dem Vorwurf der Untreue, des *Verrats* auszusetzen.

Wenn wir ohne weiteres sagen können, daß niemand anders als der Führer selbst den Pogrom befehlen konnte, so wissen wir noch nicht, woher Hitler jene absolute Befehls- und Verfügungsgewalt nahm, wie sie im Begriff vom „Führerwillen", vom „Führerbefehl" zum Ausdruck kommt. Was bedeutet es eigentlich, wenn wir sagen, daß Hitler die Reichskristallnacht „befohlen" habe?

Der Befehl ist ein Begriff aus dem militärischen Bereich. Er setzt nach der berühmten Heeresdienstvorschrift 300/1 „den Entschluß in die Tat um".[10] Der militärische Befehl gilt unbedingt und muß unbedingt befolgt werden, d.h. zwischen Befehl und Gehorsam gibt es keine „kritische Mittelinstanz".

Der unbedingte Gehorsam kann vom Soldaten nur deshalb verlangt werden, weil die militärische Bewefehlsgewalt sittlich fundiert und sachlich begrenzt ist. Sie ist auf die Verfolgung militärischer Zwecke beschränkt und verliert außerhalb dieses Rahmens ihren Sinn. Die militärische Zwecksetzung ihrerseits ist in die staatliche Ordnung eingebettet und dieser untergeordnet. Der Soldat dient, indem er sein militärisches Geschäft betreibt, dem Staat, was auch im Begriff vom Wehrdienst zum Ausdruck kommt.

Spätestens 1918 waren *neben* dem Staat (später *gegen* den Staat) freiwillige Kampf- und Wehrverbände entstanden, in denen sich das System von Befehl und Gehorsam aus der staatlichen Verankerung gelöst und verabsolutiert hatte. Wer in diesen Kampfverbänden gehorchte, tat es freiwillig, weil er die gemeinsame Sache für richtig hielt. Die Treue dieser „Soldaten" galt nicht dem Staat, sondern der Gruppe und ihren Führern; sie war nicht Gesetzestreue, sondern Gefolgschaftstreue!

Die vollständige Ablösung soldatischer Tradition und militärischer Ordnung vom Staat vollendete sich in der NS-Bewegung und ihren Kampfverbänden, namentlich in der SA und SS.

Hitler war nicht nur der unangefochtene Führer der Bewegung („Ich führe diese Bewegung allein und Bedingungen stellt mir niemand"), sondern nahm für sich auch in Anspruch, der von der „Geschichte" beauftragte Vorkämpfer des deutschen Volkes, der Baumeister des neuen Reiches zu sein. Im Führerwillen kam – und das war vollkommene Überzeugung seiner Anhänger – der wahre Wille des Volkes zum Ausdruck, manifestierte sich das „Gesetz der Geschichte". Der Gehorsam, den Hitlers Anhänger – durchaus freiwillig – leisteten, war nicht auf der Folie eines staatlich fundierten, besonderen Gewaltverhältnisses geschuldet, sondern folgte aus der geistigen und organisatorischen Zugehörigkeit zur weltanschaulichen Bewegung, wie dies mustergültig in dem Satz zum Ausdruck kommt: *Führer befiehl! Wir folgen Dir!*[11]

Daß das System von Befehl und Gehorsam nicht nur weltanschaulich fundiert, sondern auch organisatorisch abgesichert war, versteht sich von selbst. Hitler war eben nicht nur der (mit den Funktionen des Reichspräsidenten ausgestattete) Repräsentant des deutschen Reiches, der allen Reichsministern vorgesetzte Reichskanzler, Oberster Befehlshaber der Wehrmacht, Oberster Gesetzgeber, schließlich „des deutschen Volkes Oberster Gerichtsherr", sondern auch der gewählte

Führer der NSDAP (vereinsrechtlich: deren erster Vorsitzender), Oberster SA- und SS-Führer, unmittelbarer Vorgesetzter und Befehlsgeber aller Reichsleiter und Gauleiter, unmittelbarer und einziger „Dienstherr" Hermann Görings usw.

Alle Leiter der politischen Organisation, alle wesentlichen Hoheitsträger waren von Hitler persönlich berufen und mit besonderen Aufgaben betraut worden, die sie nur in Hinblick auf ihren Führer mit Sinn und Bedeutung füllen könnten, nicht gegen ihn!

Mit der Machtergreifung erhielt Hitler die geschichtlich einmalige Gelegenheit, seine absolute Befehls- und Verfügungsgewalt von der Bewegung durch eine *doppelte Identifikation* auf das deutsche Volk zu übertragen:

Der Führer ist die Partei!
Die Partei ist Deutschland!

So lautete 1937, am Jahrestag der Machtergreifung, die messianische Vereinigungsformel der Reichspropagandaleitung.[12]

Wenn der Führerbefehl die Entschlüsse der Geschichte in die Tat umsetzte, dann konnten ihm gegenüber alle Bindungen staatlicher oder gesetzlicher Art nur relative Geltung haben und notfalls außer Kraft gesetzt werden.

Mit anderen Worten: Hitler konnte – als Führer der Partei und über diese, wenn auch in der Maske des Staatsmannes – jedwede von ihm für notwendig gehaltene Politik außerhalb des Rechts und außerhalb der Staatlichkeit durchsetzen, d.h. er konnte *Unrecht* befehlen, ja er konnte jedwedes Verbrechen befehlen, wenn das „Gesetz der Geschichte" dies verlangen sollte!

Die durchgehende Befehls- und Verfügungsgewalt Adolf Hitlers bedeutet selbstverständlich nicht, daß er jede Einzelaktion vorausgeplant und den jeweiligen Akteuren eine konkrete Handlungsanweisung, gleichsam ein Drehbuch zur Geschichte ausgehändigt hätte.

Hitler konnte sich auf seine Gefolgschaft verlassen, d.h. er konnte sich damit begnügen, eine allgemeine Handlungsanweisung, ein Handlungsziel, vorzugeben („Der Führer wünscht...") und gleichwohl sicher sein, daß das Endziel seiner Politik erreicht werden würde.

Gerade die Reichskristallnacht zeigt, mit welcher Souveränität Adolf Hitler die disperaten Befehls- und Handlungsebenen des Systems in genau berechneter Abfolge zusammengeschaltet hat; wie er, in dem sicheren Wissen, daß die freigesetzten Kräfte das von ihm gesetzte Ziel erreichen würden, ein geradezu kunstvolles Durch- und Gegeneinander geschaffen hat („Anarchie der Vollmachten"), das ihm selbst jede Identifizierung ersparte und ihm auch noch nachträglich erlaubte, die Schuldzuweisungen beliebig zu verteilen, die Reichskristallnacht zu „bedauern", sich ingesamt unwissend zu stellen usw.

Diese „Führungskunst" ändert selbstverständlich nichts an der Tatsache, daß Adolf Hitler den Pogrom *persönlich* zu verantworten hat, denn Täter ist, wer eine Straftat selbst (unmittelbar) oder durch einen anderen (mittelbar) begeht.

Der einzige Beteiligte, der sich durchgehend und ohne jeden Vorbehalt zu seinem Tatbeitrag bekannt hat, war Dr. Joseph Goebbels, wenngleich er klugerweise nicht versäumt hat, wiederholt auf Hitlers Urheberschaft hinzuweisen. Dies war aber nicht der Versuch, sich hinter dem Führer zu verstecken, sondern eher der Wunsch, dem Führerbefehl die nötige Durchschlagskraft zu verleihen und die Identifizierung mit der „judengegnerischen Aktion" zu erleichtern. Goebbels hat sich gegenüber seinen Mitarbeitern so geäußert: „Maßgebende Kreise der nationalsozialistischen Wirtschaftsführung vertraten immer betonter den Standpunkt, man könne die Juden nicht noch mehr, als bisher geschehen, aus dem Wirtschaftsleben Deutschlands entfernen. Darauf beschlossen wir: Gut, dann mobilisieren wir die Straße, und damit lösen wir das Problem in 24 Stunden."[13]

Goebbels hat die ihm übertragenen Aufgaben mustergültig gelöst. Die Rede, die Goebbels auf dem Kameradschaftsabend vor den Parteiführern gehalten und mit der er den Pogrom unmittelbar ausgelöst hat, muß ein rhetorisches Meisterwerk gewesen sein.

Nicht weniger schwer war die Aufgabe, die Aktion in der Öffentlichkeit nachträglich darzustellen und zu rechtfertigen. Die besondere Schwierigkeit der Darstellung ergab sich aus der Tatsache, daß Hitler bereits am Morgen nach dem Pogrom die „legale Lösung" der Judenfrage angeordnet hatte und die tatsächlichen Folgen der Reichskristallnacht so schnell wie möglich zugedeckt werden mußten – bevor von ihnen überhaupt berichtet werden konnte!

Der „Völkische Beobachter" ist am 10. November 1938 dementsprechend chaotisch ausgefallen. Am 11. November kann die erstaunte Bevölkerung auf der ersten Seite den „Aufruf" lesen, mit dem Goebbels sie auffordert, von allen weiteren Demonstrationen und Vergeltungsaktionen gegen das Judentum sofort abzusehen.

Innen folgt dann unter der Überschrift „Empörte Volksseele schaffte sich Luft" ein allererster Bericht über die nächtlichen Zerstörungsaktionen, dem man deutlich anmerkt, daß er mehrfach umgeschrieben worden ist und der das ganze Dilemma zeigt, vor dem die

NS-Berichterstattung stand. Das Ausmaß der sichtbaren Zerstörungen an jüdischen Geschäften und Einrichtungen im ganzen Reich verlangte eine ausführliche Darstellung und Begründung, wenn sich die NS-Führung nicht dem Vorwurf aussetzen wollte, sie wolle die Sache vertuschen. Auch mußte die Stoßrichtung der Aktion der Bevölkerung „erklärt" und gleichzeitig unterschoben werden, um ihre Folgen als geschichtliche Antwort des deutschen Volkes auf die jüdische Herausforderung erscheinen zu lassen.

Also wird der Pogrom zunächst als Vergeltungsaktion des deutschen Volkes „gegen jüdische Gebäude und Geschäfte", also gegen Sachen, hingestellt. Diese Darstellung schließt jedoch, wie auch immer, eine ausführliche Beschreibung von Straftaten ein, die nach dem Strafgesetzbuch verboten sind und die ein Staat nicht dulden kann. Mit anderen Worten: Wie können im großdeutschen Reich Adolf Hitlers in einer einzigen Nacht tausende von Geschäften und Wohnungen zerstört und hunderte von Synagogen in Brand gesetzt werden, wenn dies nicht organisiert worden ist? Andererseits: Wenn dies spontaner Ausbruch der Volkswut war, wie ist es dann um die Autorität eines Staates bestellt, in dem die Bevölkerung das Strafgesetzbuch kurzerhand außer Kraft setzen und das staatliche Gewaltmonopol folgenlos durchbrechen kann?

Die zutiefst empörte Volksseele gegen die Umtriebe des Judentums bringt deshalb das Wunder fertig, sich zwar sehr effektiv („sämtliche Judengeschäfte sind gekennzeichnet"), aber doch mit größter Disziplin zu äußern, so daß „Ausschreitungen vermieden" werden konnten, und keinem einzigen Juden auch nur ein Haar gekrümmt wurde.

Wer hat nun die Fensterscheiben zertrümmert und die Synagogen angezündet? Offenbar niemand. In Berlin ist kein Schaufenster eines jüdischen Geschäfts „heilgeblieben". Die Synagogen sind „in Brand geraten". In „geräumten" Auslagen und Schaukästen „gähnt die Leere". – „Nirgendwo ist ein Jude zu sehen."

Diese eigentümlich *passive*, menschenleere Berichterstattung wirft die Frage auf, ob denn ein nächtlicher Orkan durch Deutschland gerast, ob eine Geisterarmee von Gangstern und Rowdys unterwegs gewesen ist.

Wo bleibt das deutsche Volk und seine Antwort? „Die Bevölkerung verhält sich heute absolut ruhig. Jeder geht seiner Beschäftigung nach und nimmt von den zertrümmerten Schaufenstern nur im Vorübergehen – allerdings mit nicht unverständlicher Freude und Genugtuung – gebührend Kenntnis." Offenbar hat die Bevölkerung bereits vergessen, daß sie diese Scheiben wenige Stunden vorher selbst zertrümmert hat!

Am nächsten Tag nimmt Goebbels die zukünftige Sprachregelung höchstpersönlich vor und schreibt unter der Überschrift „Der Fall Grünspan" eine seitenlange Zusammenfassung, die im „Völkischen Beobachter" vom 12. November 1938 erscheint.[14]

Diese Darstellung zeigt in ihrem typischen larmoyanten und flegelhaften Singsang, daß Goebbels Tritt gefaßt hat, zumal er sich auf einen neuen Gegner einschießen kann: Die ausländische Lügenpresse, die es fertiggebracht hat, von der Barbarei des Pogroms, von organisierten, kriminellen Gewaltakten zu sprechen.

Goebbels weiß es selbstverständlich besser: Der Pogrom brach spontan aus der Nation heraus. Die deutsche Staatsführung hat die Reaktion im Volk in Stundenfrist zum Schweigen gebracht und wird die Judenfrage einer den Wünschen und Bedürfnissen des deutschen Volkes entsprechende Lösung entgegenführen.

Diese Tendenz der *Identifizierung* von Volk und Staat

wird von Goebbels in den nächsten Tagen systematisch verstärkt. Seine Rede vor den Angehörigen des Winterhilfswerkes vom 13. November 1938 steht bereits unter dem Motto: „Die Regierung erfüllt den Willen des deutschen Volkes."[15]

Er schildert die am Tag zuvor beschlossenen Verordnungen als „die deutsche Antwort", die das Volk durch seine Regierung dem Judentum erteilt habe.

In der Berichterstattung des „Völkischen Beobachters" liest sich das so: „Diese Verordnungen sind, wie Dr. Goebbels betonte, erlassen worden, weil nach nationalsozialistischer Staatsauffassung das Handeln der Regierung sich stets in Übereinstimmung mit dem Willen des Volkes befinden muß. Der immer wieder aufbrausende stürmische Beifall zeigte, wie sehr die vom Minister im einzelnen erläuterten Maßnahmen dem einmütigen Willen des deutschen Volkes entsprechen".(!)

Daß Goebbels ein Virtuose von Format ist, kann keine Frage sein. Ihm ist es innerhalb weniger Tage gelungen, die Reichskristallnacht von einer „Vergeltungs*aktion*" über eine „antijüdische *Demonstration*" zur „gerechten Vergeltungs*kundgebung*" des deutschen Volkes herunterzuschreiben.

Im übrigen wird Goebbels nicht müde, unter stürmischem Beifall auf besonderen Tatbeitrag von *Hermann Göring* hinzuweisen, der nicht lange gefackelt und das Problem mutig beim Schopfe gefaßt habe.

Das „außerordentlich schnelle und radikale Durchgreifen" des Generalfeldmarschalls hat vielen Zeitgenossen ein Rätsel aufgegeben, besonders denen, die der raffinierten Selbstdarstellung dieses „letzten Renaissancemenschen" erlegen sind. Nach dem Pogrom war der Generalfeldmarschall für viele Menschen so etwas wie eine letzte Hoffnung, der Typus des „anständigen"

Nationalsozialisten, von dem man sich jetzt eine Kehrtwendung versprach.

Ulrich von Hassell schreibt noch am 20.12.1938 in sein Tagebuch:

> Das schlimmste ist vielleicht, daß Göring, der die Judenaktion am schärfsten und offensten vor allen Ministern und Gauleitern verurteilt hat, nicht den Absprung gefunden hat, um, mit Brauchitsch unter dem Arm, ein grundsätzliches „Stopp!" zu gebieten. Das wäre ein sehr günstiger psycholgischer Moment für solchen Start gewesen, der ihn mit einem Schlage zum offenen Exponenten aller guten Kräfte in Deutschland gemacht hätte. Es scheint wahr zu sein, daß er ungefähr gesagt hat, dies sei die letzte Schweinerei, die er mit seinem Namen gedeckt habe.[16]

V. Hassell hat leider nicht die Niederschrift der Ministersitzung vom 12. November 1938 gekannt. Sonst wäre sein Urteil über Hitlers treuesten Paladin („Wir alle billigen immer das, was unser Führer tut") wohl anders ausgefallen.

Eine besonders undurchsichtige, geradezu zwielichtige Position haben Himmler und seine SS bei der Verarbeitung der Reichskristallnacht eingenommen. Himmler war selbstverständlich nicht verborgen geblieben, daß er von Hitler erst zu einem Zeitpunkt in die Aktion eingeschaltet wurde, als diese längst angelaufen war und von der SS nicht mehr verhindert werden konnte.

Die SS mußte in jeder Mobilisierung der Straße eine anachronistische Störung ihres subtilen, außenpolitisch abgesichterten Auswanderungskonzeptes sehen, und nichts war ihr mehr zuwider als anarchische, d.h. nicht vorausberechenbare Formen der Gewaltanwendung.

Es darf deshalb nicht verwundern, daß zahlreiche SS-

Führer die Form der Goebbelschen „Vergeltungskundgebung" scharf verurteilt haben. Otto Ohlendorf, der spätere Chef des Inland-SD, war nach dem Zeugnis eines unpolitischen Studienfreundes über den Pogrom „tief empört".[17] Gruppenführer Wolff erklärte, Deutschland habe „eine moralische Schlacht" verloren[18], und Münchens Polizeipräsident, SS-Obergruppenführer von Eberstein, hat noch in Nürnberg erklärt, er habe die ganze Aktion als „ausgesprochen unanständig" empfunden.[19]

Indessen: Diese „moralischen" Distanzierungen wird man nicht ernst nehmen können, sondern als das zu sehen haben, was sie in Wirklichkeit sind: der Versuch, gegen den verhaßten Propagandaminister als den „Urheber" dieser Störung Front zu machen und so etwas wie ein geschichtliches Alibi vorzubereiten.

Nachdem das Ausmaß der nächtlichen Ausschreitungen offenbar geworden war, hat die SS geradezu kuriose Anstrengungen unternommen, um sich vom Pogrom zu distanzieren.

Von Himmler lief alsbald das Gerücht um, er habe Hitler noch in der Nacht des Pogroms mitteilen lassen, daß er die empfangenen Befehle nicht ausführen könne, habe sie dann aber doch ausgeführt, da er vom Führer keine Antwort erhalten habe[20] – ein reichlich plumpes Alibi, genauso plump und falsch wie das ausgestreute Gerücht, Himmler habe in der Nacht des Pogroms seinen Verfügungstruppen für zwei Tage Kasernenarrest befohlen.[21]

Besonders denkwürdig ist in diesem Zusammenhang folgender Vorgang. Etwa eine Woche nach dem Pogrom wurde C.J. Burckhardt von Himmler persönlich angerufen und zu einer Unterredung nach Berlin gebeten. Als er im Geheimen Staatspolizeiamt eintraf, wurde er von Gruppenführer Wolff empfangen, der ihm erklärte, daß

Himmler erkrankt sei und sich in einem Sanatorium befinde. Die Ereignisse der letzten Woche hätten sein Nervensystem (!) allzusehr angegriffen; er verurteile die gegen die Juden angewandten Methoden, deren Folgen verderblich seien.

Wörtlich fügte Wolff hinzu: „Die innere Lage in diesem Lande ist unerträglich geworden, etwas muß geschehen, der Verantwortliche ist Herr Goebbels, der einen unleidlichen Einfluß auf den Führer ausübt; wir hofften schon, ihn wegen der Propaganda, die er in Bezug auf die Tschechenkrise machte, zur Strecke zu bringen, und diesmal glaubten wir definitiv, unserer Sache sicher zu sein, aber auch diesmal hat ihn der Führer gerettet, das kann so nicht weitergehen, man wird handeln müssen."[22]

Mochte es C.J. Burckhardt noch so rätselhaft erscheinen, warum die SS gerade ihm diese Eröffnungen machte, und mochte die SS – mit Recht – glauben, in ihm einen hochwirksamen Multiplikator gefunden zu haben: Die Täterschaft Himmlers und der SS in der Reichskristallnacht läßt sich *nicht* wegleugnen!

In vielen Fällen ist die SS bei den Zerstörungen vorausgegangen. In Oberschlesien sind die Ausschreitungen auf Befehl der Breslauer SS-Leitung erfolgt. In Hindenburg wurde die Aktion allein von der SS durchgeführt, weil die SA als unzuverlässig galt![23]

Im gesamten Bodenseegebiet wurde die Zerstörungsaktion von der kasernierten SS aus Rudolfzell erledigt. Dort, wo die Synagogen nicht schnell genug brennen wollten oder benachbarte Häuser gefährdet waren, half die SS mit ihrem Sprengstoff „Ekrasit" nach.[24]

In Karlsbad wurde die Synagoge von uniformierter SS in die Luft gesprengt.[25] Auch im Befehlsbereich des SS-Sturmbannes Darmstadt war die SS bei der Zertrümmerung von jüdischen Geschäften und bei der Zerstörung von Synagogen überall aktiv; so der SS-Sturm Bensheim, der die Bensheimer Synagoge zerstörte und nach der vollständigen Zertrümmerung jüdischer Wohnungen und Geschäfte Aktionstrupps bildete, die in die umliegenden Dörfer ausschwärmten.[26]

Aus Wien erhielt das SD-Hauptamt am 14. November 1938 vom SD-Oberabschnitt Donau folgende Meldung: „Vor den Synagogen fuhren Rollkommandos der VT vor und begannen mit Handgranaten das Inventar für eine Inbrandsetzung vorzubereiten."[27]

Am gleichen Tage berichtete der SS-Sturm 10/25 Geldern an den Sturmbann III/25:

> Die Aktion innerhalb des Kreises Geldern sowie in Xanten wurde ausschließlich von Angehörigen des SS-Sturmes 10/25 durchgeführt. Die Anordnungen ergingen am 10.11.1938 gegen 3.30 Uhr fernmündlich vom SS-Sturmbann III/25.
>
> Die erste Maßnahme war die Inbrandsetzung der Synagoge in Geldern gegen 4 Uhr morgens. Bis 9 Uhr vormittags war diese bis auf die Umfassungsmauern niedergebrannt. Zur selben Zeit wurde die Inneneinrichtung der Synagoge in Xanten (ein Privathaus) restlos zerstört. An jüdischen Geschäften waren innerhalb des Sturmgebietes zwei vorhanden, deren Einrichtung und kleiner Warenbestand vollkommen zerstört wurden.
>
> Bei den restlichen Juden ... wurde die Wohnungseinrichtung total demoliert und unbrauchbar gemacht, nachdem die Schaufenster und Fensterscheiben eingeschlagen waren... Bis gegen 11 Uhr wurden sämliche männliche Juden von 15 bis 70 Jahren durch die Polizei inhaftiert und in die örtlichen Arrestlokale vorläufig untergebracht... Die Bevölkerung verhielt sich den Demonstranten gegenüber passiv.[28]

Die wichtigste Rolle hat die SS selbstverständlich nicht bei der „Eroberung der Straße", sondern hinter den Kulissen bei der Durchführung der sicherheitspolizeilichen Maßnahmen gespielt, d.h. bei der Verhaftung der Juden und ihrer Unterbringung in den Konzentrationslagern und dies in strenger Arbeitsteilung. Die Verhaftungsaktion wurde von der Gestapo unter Hinzuziehung des SD, der Kriminalpolizei, der VT und der Allgemeinen SS geleitet.

In den Konzentrationslagern waren indessen ausschließlich die SS-Totenkopfverbände (TV) zuständig, die dem Gruppenführer Theodor Eicke (Inspekteur KL und Führer der TV) unterstanden, der wiederum seine Befehle unmittelbar von Himmler erhielt.

Was sich nach und in Folge der Reichskristallnacht in den völlig überfüllten Lagern abgespielt hat, widersetzt sich der Beschreibung.

Eugen Kogon hat die Ankunft und das Martyrium der „Aktions-Juden" in Buchenwald miterlebt. Er berichtet:

> Die Verhaftungen wurden ohne Rücksicht auf das Alter durchgeführt. Neben zehnjährigen Knaben sah man siebzig- bis achtzigjährige Greise. Schon auf dem Weg vom Bahnhof Weimar bis nach Buchenwald wurden alle Zurückbleibenden abgeschossen, die Überlebenden gezwungen, die oft blutüberströmten Leichen ins Lager mitzuschleppen. Am Tor stauten sich die Massen – immer je 1000 kamen zugleich an –, weil von der SS nicht das große Gittertor, sondern nur ein kleiner Durchgang für je einen Mann geöffnet wurde. Neben diesem Durchgang standen die Blockführer und schlugen mit eisernen Ruten, Peitschen und Knüppeln auf die Leute ein. Was sich damals im Lager zutrug, läßt sich mit wenigen Worten nicht schildern. Erwähnt sei lediglich, daß gleich in der ersten Nacht 68 Juden wahnsinnig geworden und von Sommer wie tolle Hunde – immer je vier Mann – totgeschlagen worden sind.

In den berüchtigt gewordenen Blocks 1a bis 5a lagen je 2000 Juden, während der Raum dieser primitiven Notbaracken nur für 400 bis äußerstens 500 Leute berechnet war. Die sanitären Verhältnisse waren unvorstellbar... SS-Scharführer steckten Leuten die Köpfe in die überfüllten Latrinenfässer, bis die Opfer erstickt waren... Da die Zahl der plötzlich Eingelieferten zu groß war, hatte die SS anfangs die Personalien der Juden nicht aufnehmen können. Der Rapportführer verkündete daher über den Lautsprecher: „Wenn sich einer von den Juden aufhängt, soll er gefälligst einen Zettel mit seinem Namen in die Tasche stecken, damit man weiß, um wen es sich handelt!" Ein Breslauer namens Silbermann mußte zusehen, wie sein Bruder von dem SS-Unterscharführer Hoppe grausam zu Tode gefoltert wurde, indem er ihn zuerst so lange mit den Stiefelabsätzen traktierte, bis er blutüberströmt dalag, dann mit Stricken an einen Pfahl band und verbluten ließ. Silbermann wurde beim Anblick des Martyriums seines Bruders wahnsinnig und verursachte in den Abendstunden durch sein Toben, „die Baracke brenne", eine Panik. Hunderte stürzten aus den oberen Etagen nach unten, ganze Pritschen brachen zusammen, und obwohl SS-Leute in die Massen schossen und Häftlingshelfer mit Knüppeln dreinschlugen, war es erst nach langen Bemühungen möglich, die Ruhe wiederherzustellen. Der Lagerführer Rödl konstruierte daraus eine Meuterei der Juden und ließ sieben Geiseln aus den Baracken holen, die mit Handschellen aneinandergefesselt wurden. Dann hetzten drei Blockführer dressierte Hunde auf die Unglücklichen und ließen sie zerfleischen. Als infolge der Überbelastung in einer eisigen Nacht zwei Baracken zusammenbrachen, wurde alles in die restlichen drei hineingestopft. Häftlinge, die bei dem irrsinnigen Gedränge nicht gleich den Eingang finden konnten, wurden von der SS niedergeknallt...In weniger als drei Wochen hatten diese Aktions-Juden Hunderte von Toten.[29]

Neben den anderen Tatbeteiligten, die ihre Arbeit mehr oder weniger lautlos verrichtet, den Gauleitern, Kreis- und Ortsgruppenleitern, die sich ihre Hände nur intern schmutzig gemacht haben, neben den zahlreichen Beamten der Sicherheitspolizei und des SD, die „befehlsgemäß" ihre Verhaftungslisten abgehakt haben, neben Ordnungspolizei und Feuerwehr, die durch ihre Untätigkeit die Reichskristallnacht erst ermöglicht haben, neben den offenkundigen Nutznießern des Pogroms aus dem Bereich Handel, Banken und Versicherungen gibt es noch eine Gruppe von Mittätern bzw. Helfershelfern, die der „Chefbesprechung" von Göring erst ihren Namen gegeben haben: Die „konservativen" Minister aus dem Kabinett des Reichskanzlers Adolf Hitler: Dr. Gürtner, Graf Schwerin von Krosigk und Walther Funk. Ihre aktive Mitwirkung bei der legislatorischen „Lösung der Judenfrage" kann gar nicht genug herausgestellt werden. Sie haben den Pogrom auf der Staatsebene absegnen helfen, und nicht ohne Grund hat der „Völkische Beobachter" in seiner Berichterstattung über die „Ministersitzung" bei Göring die Teilnahme der Reichsminister sowie die „vollkommene Übereinstimmung in der Beurteilung und Behandlung der zur Debatte stehenden Fragen" besonders hervorgehoben. Mehr noch: Die Einzelheiten der auf der Ministerkonferenz beschlossenen zügigen „Arisierung" der deutschen Wirtschaft haben erst in den ministeriellen Durchführungsverordnungen ihren „legalen" Niederschlag gefunden. (Mittäter ist auch, wer im Wege der Arbeitsteilung einen besonderen Tatbeitrag im Rahmen eines Gesamtplanes leistet)

Der Botschafter Ulrich von Hassell schreibt am 25. November 1938 in sein Tagebuch: „Am meisten haben sich alle anständigen Menschen geschämt, Namen wie Gürtner und Schwerin-Krosigk unter den Beschlußfassern über die Strafmaßnahmen gegen die Juden zu lesen. Die Genannten merken wohl gar nicht mehr, wie sie sich entwürdigen und wie sie als Feigenblatt dienen."[30]

Offenbar nicht, sonst hätten sie nicht bei jeder Gelegenheit erklärt, es sei nötig gewesen, die Sache in einen „legalen" Kanal zu leiten, um die Juden zu schützen. Oder doch?

Als dem Wirtschaftsminister Funk in der Voruntersuchung zum Nürnberger Prozeß am 22. Oktober 1945 die Frage gestellt wurde: „Sie wußten, daß die Plünderungen und all das, was man tat, auf Veranlassung der Partei geschah, nicht wahr?" brach er weinend zusammen und erwiderte: „Damals hätte ich zurücktreten sollen, im Jahre 1938. Deshalb bin ich schuldig, ich gestehe, daß ich als schuldiger Teil hier stehe!"

Im Nürnberger Prozeß von seinem Verteidiger befragt, wie es zu diesem Zusammenbruch gekommen sei, erklärte Funk am 6. Mai 1946: „Als mir nun diese Terror- und Gewaltmaßnahmen gegen die Juden vorgehalten wurden, da erlitt ich einen seelischen Zusammenbruch, weil mir in diesem Augenblick mit voller Eindringlichkeit zum Bewußtsein kam, *daß von hier aus das Verhängnis seinen Weg genommen hatte.*"[31]

Das ist eine späte Einsicht, die dem Reichsminister bei Anstrengung seines Gewissens schon im November 1938 hätte kommen können. Sie wird auch dadurch relativiert, daß Funk ihr eine nahezu klassische Entschuldigungsformel folgen ließ. „Aber, daß ich die Durchführungsverordnungen zu den Grundverordnungen und Gesetzen erlassen habe, das ist kein Vergehen gegen die Menschlichkeit. Ich habe hier den Willen des Staates meiner inneren Stimme und meinem inneren Pflichtbewußtsein vorangestellt, da ich nun mal dem Staate verpflichtet war. Ich habe auch mich für verpflichtet gehalten, nach dem Willen des Führers, der obersten Staatsführung, zu handeln, zumal ja diese Maßnahmen gerade zum Schutze der Juden notwendig waren, um sie vor völliger Rechtlosigkeit und vor weiterer Willkür und Gewaltanwendung zu schützen."[32]

Dies war und ist das Grundmuster, mit dem bereits 1938 die „Staatsdiener" ihre Mittäterschaft innerhalb der NS-Gewaltherrschaft vor sich selbst, zumindest vor anderen, zu rechtfertigen versucht haben.

Wiederum Ulrich v. Hassell in Bezug auf Schwerin v. Krosigk: „Vor sich selbst sucht er sein Verhalten damit zu rechtfertigen, daß es vor allem nötig gewesen sei, die Sache in einen ‚legalen Kanal' zu leiten."[33]

Hierzu hat der Wirtschaftsjournalist Georg Schneider bereits 1963 folgendes bemerkt: „Ein legaler Kanal! Wann wird diese alte Garde wohl begreifen, daß Unrecht nicht dadurch Recht wird, daß man es zum Gesetz erhebt!"[34]

Sooft vom Pogrom und seinen Hintergründen die Rede war, immer sind wir auf die Partei und ihre Untergliederungen, auf die Regierung, die Verwaltung, auf gesellschaftliche Machtgruppen und Eliten gestoßen – nie auf das deutsche Volk, dessen empörte Seele sich angeblich in der Reichskristallnacht so geräuschvoll Luft gemacht hat.

Was hat die Bevölkerung mit den Ausschreitungen zu tun? Hat sie sie initiiert, jedenfalls unterstützt, zumindest gerechtfertigt?

Oder ist es richtig, was der britische Geschäftsträger in Berlin am 16. November 1938 niederschrieb: „Ich habe nicht einen einzigen Deutschen, gleich welcher Bevölkerungsschicht, angetroffen, der nicht in unterschiedlichem Maße zum mindesten mißbilligt, was geschehen ist."[35]

Nicht ganz. Denn leider muß man sagen, daß sich

Kinder und Jugendliche in erheblichem Maße an den Ausschreitungen beteiligt haben – allen voran die HJ. Baldur von Schirach hat in Nürnberg erklärt, die Hitlerjugend sei an den „Aktionstagen" überhaupt nicht eingesetzt worden, er selbst habe den Pogrom vor den Gebietsführern der HJ als „Kulturschande" bezeichnet und in diesem Zusammenhang von einer „verbrecherischen Aktion" gesprochen. Wörtlich: „Ich lege großen Wert auf die Feststellung, daß die Jugend ... mit diesen Ereignissen nicht verbunden ist."[36]

Diese Feststellung ist *unzutreffend.* Gerade in kleineren Landorten wurde hauptsächlich die Hitlerjugend für die Zerstörungsaktionen hinzugezogen. In Karlsbad (Sudetenland) wurde die Aktion mit Fanfarensignalen der HJ eingeleitet. Dann wurden die Juden vor dem Schulgebäude zusammengetrieben, wo sie stundenlang auf ihren Abtransport warten mußten. Im Bericht der Sopade heißt es: „Dabei gebärdeten sich die Hitlerjungen wie Besessene. Sie spuckten die Juden an und machten die unflätigsten Bemerkungen."[37]

Hier war die schaurige Saat des „Stürmer" aufgegangen, hier hatte der „Giftpilz" seine Wirkung getan und nicht nur das. Der „Einsatz" der Jugend war auch das Werk der nationalsozialistischen Erziehung an den Schulen. Im Novemberbericht der Sopade ist festgehalten: „Ein besonders trauriger Anblick war die Beteiligung von Kindern an den Plünderungen. Soweit man überhaupt bei der ganzen Aktion von Erregung oder Begeisterung sprechen kann, war sie nur bei Jugendlichen und Kindern vorhanden. Sie haben ja keinerlei Lebenserfahrung und betrachteten die Juden wirklich als Verbrecher und Bösewichter, wie es jetzt allgemein gelehrt wird."[38]

In der Tat: Es waren Lehrer, die an die Tafel schrieben: „Der Jude ist unser größter Feind! Hütet euch vor den Juden!"[39] Es waren Lehrer, die ihre Schüler in der Reichskristallnacht mit Knüppeln, teilweise sogar mit Ziegelsteinen ausgerüstet haben, damit sie sich an dem Zerstörungswerk beteiligen konnten.[40] In einem politischen Monatsbericht des NSLB (Nationalsozialistischer Lehrerbund) vom 19. November 1938 müssen wir zu wessen? Schande lesen: „Der Einsatz der Schuljugend durch geharnischte Aufsätze und rassekundliche Belehrung hat propagandistisch *tadellos gewirkt.*"[41]

Nun muß man Kindern und Jugendlichen nicht nur die Wirkung der rassistischen Erziehung zugute halten, sondern darf bei ihnen auch einen elementaren Vandalismus und eine aggressive Zerstörungswut voraussetzen, wie überhaupt – nebenbei gesagt – die Reichskristallnacht die „Straße" mobilisiert und niederste Instinkte (Schadenfreude, Habgier, Vernichtungswut und Rachsucht) wachgerufen hat.

Andererseits läßt sich nicht ausschließen, daß in den antisemitischen Ausschreitungen *auch* eine durch die „Volksgemeinschaft" mühsam verdeckte Klassengegnerschaft aufbrach, ein subproletarischer Protest gegen den „Börsenjuden", den „Schieber", die „Blutsauger des Volkes" zum Ausdruck kam.

Indes, die wenigen Beispiele von Anarchie und Asozialität, von denen zu berichten wäre, stehen im bemerkenswerten Gegensatz zur durchgehend bezeugten *Grundhaltung* der deutschen Bevölkerung gegenüber den „judengegnerischen Aktionen".

Alle internen Berichte, die über die Reaktionen der Bevölkerung auf die Reichskristallnacht vorliegen, stimmen darin überein, daß die Ausschreitungen von der überwältigenden Mehrheit des deutschen Volkes scharf verurteilt worden sind.

Die Bevölkerung hat mit feinem Instinkt und wachem

Rechtsgefühl auf den ungeheuren Rechtsbruch des Pogroms und die daraus resultierende fundamentale Rechtsunsicherheit reagiert.

Die nachfolgenden Zitate aus Berichten der Sopade kommen einer Ehrenerklärung gleich, mit der wir die Ermittlungen zu Tat und Tätern abschließen können:

> *Rheinland-Westfalen*: Die brutalen Maßnahmen gegen die Juden haben große Entrüstung in der Bevölkerung ausgelöst. Man äußerte sich recht offen und viele Arier wurden deswegen verhaftet. Im ganzen *Würmgebiet* herrscht große Empörung über diesen Vandalismus. Das kam u.a. deutlich zum Ausdruck, als die SA in der Dunkelheit ein Geschäft zertrümmerte und dabei im Schutze der Dunkelheit aus einem gegenüberliegenden Obstgarten mit Steinen beworfen wurde.
>
> *Südwestdeutschland*: Mit einem Nazi spricht man über die Sache nicht. Aber in der Bevölkerung werden die Vorfälle allgemein verurteilt. Die Einwohner haben sich nicht an der Schande beteiligt.
>
> *Bayern*: Alle unsere Informationen besagen, daß die breiten Bevölkerungsschichten an diesem Treiben der Nazis keinen Anteil hatten. Im Gegenteil, es gab viele Beispele dafür, daß die Bevölkerung gegen diese Methode Stellung nahm. Das konnte man besonders bei den Verhaftungsaktionen feststellen, die tags darauf überall durchgeführt wurden.
>
> *Berlin*: Wer in diesen furchtbaren Tagen die Berliner Bevölkerung beobachten konnte, der weiß, daß sie mit dieser braunen Kulturschande nichts gemein hat. Der Protest der Berliner Bevölkerung gegen die Beraubungen und Brandstiftungen, gegen die Missetaten an jüdischen Männern, Frauen und Kindern jeden Alters war deutlich. Es reichte vom verächtlichen Blick und der angewiderten Gebärde bis zum offenen Wort des Ekels und drastischer Beschimpfung.
>
> *Schlesien*: Die Ablehnung der Ausschreitungen gegen

die Juden im oberschlesischen Industriebezirk nimmt in allen Kreisen immer schärfere Formen an.

Es wird immer klarer, daß die Bevölkerung diese Exzesse ablehnt. Man sagt es untereinander auch ziemlich offen heraus, daß das System trotz aller angeblichen Erfolge Ablenkungsmanöver braucht.

Das Publikum in Hindenburg sparte nicht mit ablehnenden Bemerkungen. Besonders viele Frauen sprachen gegen Hitler und die Nazis die verschiedensten Verwünschungen aus.

Danzig: Ich glaube, man hat sehr selten so einhellig das Mißfallen, ja die Empörung weitester Teile der Danziger Bevölkerung über die Gewalttaten der Nazis feststellen können, wie diesmal.

Es ist keineswegs so, daß sich die „Volksseele" über den Pogrom nur kurzfristig empört und dann wieder beruhigt hätte.

Der Botschafter Ulrich v. Hassell schreibt in seinem Tagebuch, das den beziehungsreichen Titel „Vom andern Deutschland" trägt, unter dem 20. Dezember 1938: „Die Tage in Berlin – bei eisiger Kälte – stehen unter der von allen anständigen und nachdenkenden Menschen schwerempfundenen Last der beschämenden Vorgänge (Pogrom) im November. Man spricht überhaupt von kaum etwas anderem."[43]

Auch die Sopade-Berichte vom Dezember 1938 bezeugen dies. Unter der Überschrift „Propaganda und Widerstand" wird festgestellt, daß es eine so einmütige und offene Ablehnung der nationalsozialistischen Methoden seit dem Bestehen des Dritten Reiches nicht mehr gegeben habe.[44]

Rheinland-Westfalen, 1. Bericht: Was der Partei und der Regierung eine Entlastung bringen sollte, das hat sich genau ins Gegenteil verkehrt. Zum Schrecken der Parteileitung verurteilt die Masse die Schweinereien strengstens und selbst die Anhänger Hitlers schließen sich nicht aus. Es hagelt Anweisungen an Amtswalter und Unterführer, schnellstens diejenigen festzustellen, die während der Tage der Judenverfolgung den Juden aktive Hilfe geleistet oder sie mit Worten verteidigt haben. Insbesondere ist die Stimmung in den Kreisen derjenigen umgeschlagen, die bisher nicht an die schrecklichen Vorkommnisse in den Konzentrationslagern glauben wollten. Nun, da sich der grausamste Terror in den Straßen zeigte, nun, da man mit eigenen Augen die Diebe sehen, all die Grausamkeiten an wehrlosen Juden selber wahrnehmen konnte, nun erst glauben viele daran, daß die anderen, früher mitgeteilten Grausamkeiten in den Gestapokellern auch geschehen sind. Viele fragen sich, wen diese gemeinen Banditen nächstens durch die Straßen Spießruten laufen lassen werden. Es sind tiefe moralische Erschütterungen, die das Volk ergriffen haben.

Wasserkante: 1. Bericht: Wenn irgendwo im Reiche, dann hat sich in Hamburg und im angrenzenden Elbegebiet die Empörung über die Judenpogrome mit ihren Brandstiftungen und Plünderungsexzessen ganz offen geäußert. Die Hamburger sind im allgemeinen keine Antisemiten und die Hamburger Juden sind weit mehr als die Juden in anderen Teilen des Reiches assimiliert und bis in die Spitze der Beamtenschaft, des Großhandels und der Schiffahrt christlich versippt.

Der Kreis der nazistischen Pogromisten war denn auch in Hamburg vollkommen auf braunhemdigen Straßenmob und HJ-Halbwüchsige beschränkt.

Die Stellungnahme der hamburgischen Arbeiterschaft zu den hitlerischen Judenverfolgungen war eindeutig und aufs allerschärfste ablehnend. Wer in diesen beschämenden Tagen in den Früh- und Abendstunden inmitten der zu ihren Arbeitsstätten ziehenden Hafen- und Werftarbeiter marschierte, hörte nichts anderes als Verwünschungen und Flüche gegen diese Menschenjagden.

2. Bericht: In Hamburg, Altona, Kiel herrscht über die Judenpogrome und über die seitdem ergangenen Maßnahmen gegen die Juden in weiten Kreisen tiefe Erregung, die bis in die Reihen der Partei- und SA-Mitglieder reicht.

Nordwestdeutschland: Bei den Judenverfolgungen im November haben die Machthaber mindestens für zwei bis drei Tage den Kontakt mit dem Volke völlig verloren. Mit dieser einhelligen Ablehnung hatte man nicht gerechnet. Und es gab zunächst ein heilloses Hin- und Hergaloppieren in den Zeitungen.

Ganz allgemein herrscht die Auffassung, daß die nächste Etappe der Liquidierung den Katholizismus treffen wird. Daneben ist man auch der Meinung, daß die „Intelligenzbestien" eine kommende Zielscheibe sein werden. Die NS-Führung spürt sehr wohl, daß aus diesen Kreisen der Widerstand gegen die Pogrome am stärksten war. Wie ja überhaupt bezeichnend ist, daß der November mit seinen grauenvollen Ereignissen viel zu einer einheitlichen Frontbildung gegen das Regime beigetragen hat:

Humanität gegen Barbarentum. Diese Widerstandssammlung auf der Basis menschlicher Elementarwerte schafft im Lande so etwas wie ein „anderes Deutschland."

Das „andere Deutschland" hat sich bekanntlich nicht durchsetzen können. Sofern es sich nicht im Widerstand formiert hat und vernichtet worden ist, mußte es bis 1945 geschichtlich abtreten. Der letzte massenhafte Widerstand gegen die Machthaber des Dritten Reiches ist Ende 1938 geleistet worden. Die „Fahrt in den Abgrund" (Domarus) hat die Bevölkerung nicht aufhalten können, aber von der Schändlichkeit des Pogroms ist sie entschieden freizusprechen.

Auf dem Weg zur Endlösung

Von der Reichskristallnacht bis zur Endlösung der Judenfrage sollten noch mehrere Jahre vergehen; dennoch war und ist sie im Pogrom vorweggenommen, gleichsam vorgezeichnet.

Wer die ständige Verschärfung und Ausweitung der antijüdischen Maßnahmen im Gedächtnis behalten, ihre höchste Akzentuierung in der Reichskristallnacht erlebt hatte und sich fragte, wie erst die Lösung der Judenfrage *unter den Bedingungen eines Krieges* aussehen werde, der mußte wissen oder konnte doch ahnen, daß die Juden ihre Existenz in Deutschland schon Ende 1938 verspielt hatten.

Nachdem die Juden aus allen Berufen entfernt, vom „Volkskörper" isoliert und auf dem Weg in die völlige Deklassierung bzw. Verarmung waren, mußten sie, sofern es nicht mehr gelang, sie zu „exportieren", zu einem polizeilichen Problem, einem Sicherheitsproblem werden und damit zwangsläufig in die Hände Himmlers und Heydrichs fallen.

Nicht ohne Grund hatte Heydrich bereits in der Ministerkonferenz die nächsten Stufen der Judenverfolgung zur Diskussion gestellt: Austreibung, Ghetto, Kennzeichnung! Und wenn das „Schwarze Korps" am 24.11.1938 erklärte, das Schicksal der in Deutschland verbleibenden Juden sei bei Kriegsausbruch die „restlose Vernichtung"[1], so mochte das noch der terroristische Widerschein des Auswanderungs/Austreibungskonzeptes der SS sein. Gleichzeitig enthielt diese Drohung aber eine zukünftige, blutige Wahrheit, nämlich die, daß es unter den Bedingungen eines Krieges eine friedliche Lösung der Judenfrage nicht mehr geben werde.

Auch Göring hatte ja auf der Ministerkonferenz, auf ein Gespräch mit Hitler vom 9. November 1938 zurückkommend, allen, die es hören wollten, erklärt: Wenn das Deutsche Reich in einen „außenpolitischen Konflikt" komme, dann sei es selbstverständlich, daß man in Deutschland in allererster Linie daran denke, eine *große Abrechnung* an den Juden zu vollziehen.

Diese unheilvolle Ankündigung konnte, zwei Tage nach dem Inferno der Reichskristallnacht gesprochen, nur in Richtung auf eine „Gesamtlösung" der Judenfrage verstanden werden.

Die Äußerungen der SS und des Generalfeldmarschalls waren in der Tat nichts anderes als höchst authentische und exakte Widerspiegelungen des Hitlerschen Denkens, in dem Krieg und Judenfrage unlösbar miteinander verknüpft waren.

Seit Hitler in „Mein Kampf" das Szenarium einer jüdischen Weltverschwörung entworfen hatte, die darauf aus war, Deutschland, Europa, die arische Rasse überhaupt zu vernichten („Es ist der unerbittliche Weltjude, der für seine Herrschaft über die Völker kämpft"), gab es für ihn *eine* völlige Gewißheit: Wenn es noch einmal zu einem (natürlich jüdischen) Weltkrieg kommen sollte, dann würde dies das Ende der jüdischen Rasse auf Erden bedeuten.

Seit seinem Machtantritt war Hitler nicht müde geworden, diese Glaubenswahrheit als unumstößliches Gesetz der Geschichte zu verkünden. Schon im Juni 1931 hatte Hitler dem Journalisten Breiting vertraulich zu verstehen gegeben, daß die Juden im Falle einer kriegerischen Auseinandersetzung „vom Rad der Geschichte zermalmt" würden.[2]

Vor dem Reichskabinett hatte Hitler am 29. März 1933 – am Vorabend des Boykotts – verkündet: Das Judentum müsse erkennen, daß ein jüdischer Krieg gegen Deutschland das Judentum in Deutschland mit voller Schärfe selbst treffe![3]

Wenige Tage nach der Reichskristallnacht, am 24. November 1938, setzt Hitler dem südafrikanischen Verteidigungsminister Pirow auseinander, daß das Judenproblem „in der nächsten Zeit" gelöst würde. Die Juden würden eines Tages aus Europa verschwinden.[4] Mochte dies noch als Umschreibung des virulenten Umsetzungskonzeptes (etwa des „Madagaskarplans") zu verstehen sein, so bekommt der tschechoslowakische Außenminister Chvalkovsky am 21. Januar 1939 ganz anderes zu hören: Die Juden würden in Deutschland *vernichtet*! Den 9. November 1918 hätten die Juden nicht umsonst gemacht, dieser Tag würde gerächt werden![5]

Am 30. Januar 1939 erklärt Hitler vor dem Deutschen Reichstag:

> Ich bin in meinem Leben sehr oft Prophet gewesen und wurde meistens ausgelacht. In der Zeit meines Kampfes um die Macht war es in erster Linie das *jüdische Volk*, das nur mit Gelächter meine Prophezeiungen hinnahm, ich würde einmal in Deutschland die Führung des Staates und damit des ganzen Volkes übernehmen und dann unter vielen anderen das jüdische Problem zur Lösung bringen. Ich glaube, das dieses damalige schallende Gelächter dem Judentum in Deutschland unterdes wohl schon in der Kehle erstickt ist.
>
> Ich will heute wieder ein Prophet sein: Wenn es dem internationalen Finanzjudentum in und außerhalb Europas gelingen sollte, die Völker noch einmal in einen Weltkrieg zu stürzen, dann wird das Ergebnis nicht die Bolschewisierung der Erde und damit der Sieg des Judentums sein, sondern die *Vernichtung der jüdischen Rasse in Europa.*[6]

Von nun an wird Hitler nicht müde, an diese Prophetie zu erinnern. Am 30. Januar 1941 erklärt er:

> Und nicht vergessen möchte ich den Hinweis, den ich schon einmal am 1. September 1939 im Deutschen Reichstag gegeben habe. Den Hinweis darauf nämlich, daß, wenn die andere Welt von dem Judentum in einen allgemeinen Krieg gestürzt würde, das gesamte Judentum seine Rolle in Europa ausgespielt haben wird!
>
> Sie mögen auch heute noch lachen darüber, genau so wie sie früher über meine Prophezeiungen lachten. Die kommenden Monate und Jahre werden erweisen, daß ich auch hier richtig gesehen habe.[7]

Selbst noch am 30. Januar 1942, 10 Tage nach der „Wannseekonferenz" über die Endlösung der Judenfrage, wird Hitler auf seinen Hinweis zurückkommen:

> Ich habe am 1. September 1939 im Deutschen Reichstag es schon ausgesprochen – und ich hüte mich vor voreiligen Prophezeiungen –, daß dieser Krieg nicht so ausgehen wird, wie es sich die Juden vorstellen, nämlich daß die europäisch-arischen Völker ausgerottet werden, sondern daß das Ergebnis dieses Krieges die Vernichtung des Judentums sein wird.[8]

Und noch ein letztes Mal, inmitten der Endlösung, am 30. September 1942:

> Ich habe am 1. September 1939 in der damaligen Reichstagssitzung zwei Dinge ausgesprochen:
>
> Erstens, daß, nachdem man uns diesen Krieg schon aufgezwungen hat, keine Macht der Waffen und auch nicht die Zeit uns jemals niederzwingen werden, und zweitens, daß, wenn das Judentum einen internationalen Weltkrieg der Ausrottung etwa der arischen Völker Europas anzettelt, dann nicht die arischen Völker ausgerottet werden, sondern das Judentum ...

> Die Juden haben einst auch in Deutschland über meine Prophezeiungen gelacht. Ich weiß nicht, ob sie auch heute noch lachen, oder ob ihnen nicht das Lachen bereits vergangen ist. Ich kann aber auch jetzt nur versichern: Es wird ihnen das Lachen überall vergehen. Und ich werde auch mit diesen Prophezeiungen rechtbehalten.[9]

Die Bedeutung dieser Hinweise[10] liegt nicht nur in der blutigen Wahrheit der Hitlerschen Prophetie, sondern auch in der Tatsache, daß Hitler nicht am 1. September 1939, am Tage des Kriegsausbruchs, sondern am 30. Januar 1939, am 6. Jahrestag der Machtergreifung, den Propheten gespielt hatte.

Man darf sicher sein, daß Adolf Hitler nicht von einem – auch sonst unbekannten – Gedächtnisverlust befallen, sondern daß es planvollste Regie war, wenn er noch nachträglich Krieg und Lösung der Judenfrage auf den *Kriegsbeginn* proklamatorisch zusammenschaltete: Die Endlösung hatte nämlich, zunächst noch unsichtbar, aber vollkommen zwangsläufig, am Tage des Kriegsausbruchs begonnen.

Epilog

Kehren wir noch einmal an den Ausgangspunkt des Geschehens zurück – zum Attentat des polnischen Juden Herschel Feibel Grünspan. Ihn haben wir in der Turbulenz der Ereignisse aus den Augen verloren, verlieren müssen, obwohl uns doch gerade sein Schicksal interessieren sollte. Er, der neben dem Studenten David Frankfurter nicht nur Widerstand gegen das NS-Regime geleistet, sondern einen seiner Repräsentanten bewußt und gewollt beseitigt hat.

Was ist mit ihm geschehen? Mußte er, wie Millionen unschuldiger Glaubensgenossen, den Weg in die Gaskammer antreten, ist er gefoltert, gequält oder auch nur schikaniert worden, ist er jedenfalls wegen Mordes oder Totschlages verurteilt worden? Nichts dergleichen!

Die Ironie der Geschichte will es, daß gerade diese beiden Attentäter – Frankfurter und Grünspan – das NS-Regime unangefochten überlebt haben. David Frankfurter ist 1982 in Israel eines friedlichen Todes gestorben. Er hat alle Ehren empfangen. Die Medien haben seiner gedacht.

Und Grünspan? Sein Schicksal ist allerdings in ein eigentümliches Zwielicht getaucht. Je mehr man in sein Lebensgeheimnis einzudringen versucht, desto unklarer wird das Bild dieses Menschen.[1]

Nicht einmal über Motiv und Hintergrund des Attentats ist letzte Klarheit zu gewinnen. In seinen ersten Vernehmungen, unmittelbar nach dem Attentat, hatte Grünspan gegenüber einem Beamten der Deutschen

Botschaft erklärt, er habe als Jude seine Glaubensgenossen, besonders seine Familie, rächen wollen. Dieses familiäre Motiv ist an sich naheliegend und schlüssig: Wenige Tage vor dem Attentat, am 28. Oktober 1938, waren, wie wir gesehen hatten, in allen Teilen Deutschlands etwa 17.000 Juden polnischer Staatsangehörigkeit von der Gestapo verhaftet und gewaltsam über die polnische Grenze getrieben worden. Auch die Familie Grünspan aus Hannover war das Opfer dieser ersten, vom Auswärtigen Amt veranlaßten und von Himmler befohlenen Deportation. Am 3. November 1938 hatte Herschel Grünspan hiervon durch eine Postkarte seiner Schwester erfahren. Am 7. November hatte er sich einen Trommelrevolver gekauft und war zur Deutschen Botschaft gefahren: „Ich dachte an einen Rache- und Protestakt gegenüber einem Vertreter Deutschlands ... Ich wollte ... einen aufsehenerregenden Schritt machen, damit er in der Welt nicht ignoriert wird ..."

Mit dieser Motivierung aus der Familiengeschichte, so einleuchtend sie ist, konnten die Adressaten des „Weltprotestes" nichts anfangen. Die Nationalsozialisten erkannten sofort die „bestellte Arbeit noch unbekannter Hintermänner" und machten wenig später wie von selbst das „Weltjudentum" aus.

Die „L'Humanité", das Zentralorgan der KPF, sprach demgegenüber am 8.11.1938 von einem „undurchsichtigen" Attentat, während die Abendzeitung „Le Soir" darauf hinwies, daß, wie beim Reichstagsbrand, die Tat allein den Nationalsozialisten zugute komme.

Diese These von der heimlichen Täterschaft der Nationalsozialisten, die auch heute hin und wieder auftaucht, wurde mehrfach aufgegriffen. Am 19.11.1938 sprach die Zeitung „Aux Ecoutes" klar aus, daß der Mord von den Nazis selber angezettelt worden sei, und das Blatt der Exil-SPD in Paris („Neuer Vorwärts") sah am 20.11.1938 die „wahren Ursachen der Tat“ in der Absicht der Nazis, die Arisierung voranzutreiben und vollendete Tatsachen zu schaffen.

In jüdischen Kreisen war demgegenüber die Neigung vorhanden, Grünspan zum Opferhelden zu stilisieren und um seine Person einen Makkabaer-Mythos zu flechten. Dies war in der Tat der Spitzname, den Grünspan von seinen Mitschülern wegen seiner Schlägerallüren erhalten hatte (Makkab: Hammer; Makkabaer: Jüdische Befreiungskämpfer gegen die syrische Herrschaft in Palästina).[2]

Indessen, Grünspans Person scheint wenig Stoff für einen Heldenmythos herzugeben. Er war, folgt man den bisherigen Untersuchungen, ein zwielichtiger Typus, der seit seiner Schulentlassung noch nie gearbeitet, der sich illegal in Paris und Brüssel herumgetrieben und dort seinen Verwandten auf der Tasche gelegen hatte. In dieses Bild paßt leider auch, daß Grünspan sich vorzugsweise in Lokalen mit den beziehungsreichen Titeln „Tout va bien“ und „Eldorado“ aufhielt, „wo sich auch homosexuelle Kreise regelmäßig zu versammeln pflegten“. Dieser leicht getrübte Hintergrund des Attentäters brauchte uns nicht zu interessieren, wenn ihm nicht gerade aus diesem Milieu ein neues, lebensrettendes Motiv zugewachsen wäre: Das Attentat als Racheakt eines betrogenen Strichjungen gegenüber seinem Zuhälter.

Wie war es möglich, daß das hochpolitische Attentat auf dem Hinterhof des sogenannten Strichermilieus landen konnte?

Grünspan befand sich seit dem 8. November 1938 bis zum Ausbruch des Krieges im Pariser Gefängnis Fresnes, war von dort – immer vor den anrückenden deutschen Truppen – nach Orléans verlegt und schließlich nach Bourges transportiert worden. Auf dem Transport nach Bourges konnte Grünspan entweder flüchten, als der Zug in deutsches Artilleriefeuer geriet – oder er wurde (einer anderen Lesart folgend) vom dortigen Anstaltsleiter als „brisanter" Häftling kurzerhand vor die Tür gesetzt. Fest steht jedenfalls, daß Grünspan sich wenig später freiwillig in das Gefängnis von Toulouse begab und sich so eine kurze Ruhepause vor seinen deutschen Häschern verschaffen konnte.

Grünspan wurde zu diesem Zeitpunkt von einem Sondertrupp der Geheimen Feldpolizei gesucht. Sowohl das Auswärtige Amt als auch das Promi waren an diesem Häftling dringend interssiert. Goebbels hatte schon am Tage nach dem Attentat, am 8. November 1938, den Berliner Rechtsanwalt Prof. Dr. Grimm beauftragt, die „Interessen des Reiches bezüglich des auf den Gesandtschaftsrat vom Rath verübten Attentats wahrzunehmen" und zur propagandistischen Vorbereitung des Prozesses den späteren Ministerialrat Diewerge bestimmt, der im Promi das Judenreferat leitete.

Bereits am 11. November 1938 hatte eine erste Sitzung im Promi stattgefunden, „um sowohl die Frage des voraussichtlichen Prozeßverlaufes als auch der Möglichkeiten einer deutschen Beteiligung schnellstens zu klären". Seither hatten Grimm und Diewerge zahlreiche Reisen nach Frankreich unternommen, Sitzungen abgehalten, Denkschriften verfaßt, um den Prozeß „im deutschen Sinne" zu beeinflussen bzw. um ihn, nach dem späteren Stimmungsumschlag in Frankreich, möglichst zu verzögern und so die Gefahr eines Freispruches zu bannen.

Im Jahre 1940, als Grünspan in Toulouse einsaß, hielt sich Diewerge, inzwischen Oberregierungsrat und SS-Kriegsberichter geworden, dienstlich in Frankreich auf und hatte den verständlichen Wunsch, „bei der Festnahme und Vernehmung Grünspans nach Möglichkeit beteiligt" zu sein. Auch Grimm befand sich als Mitarbeiter des Stabes Abetz (Reichsbevollmächtigter für Frankreich) ständig in Paris und war dort „mit den weiteren Erhebungen" im Fall Grünspan befaßt. Als Grünspan in Toulouse gefunden worden war, konnte Grimm die Vichy-Regierung veranlassen, daß Grünspan nach Berlin überstellt und in das Gestapo-Gefängnis verbracht wurde.

Im Jahre 1941 wurde er als „Vorzugshäftling" in das Konzentrationslager Sachsenhausen eingeliefert. Ab Sommer 1941 soll er sich im Untersuchungsgefängnis Moabit aufgehalten haben. Zu dieser Zeit erhielt jedenfalls die Reichsanwaltschaft die Akten mit der Aufforderung, Anklage gegen Grünspan vor dem Volksgerichtshof zu erheben. Um dessen Zuständigkeit begründen zu können, mußte Grünspan wegen Hochverrates angeklagt werden, was auch geschah.

Von der Anklageschrift erhielt das Promi erst viele Monate später und mehr zufällig Kenntnis. Die Anklageschrift stieß sofort auf heftige Ablehnung des Propagandaministers, da sie „völlig die Aufklärung der politischen Hindergründe und der politischen Tragweite der Tat außer acht lasse." Das Promi versuchte nun, den Prozeß wieder in den Griff zu bekommen, d.h. von der juristischen auf die politische Ebene zu ziehen. Diewerge berief aufgrund seines Sonderauftrages, „den Prozeß gegen den Mörder Grünspan unter propagandistischen Gesichtspunkten zu bearbeiten", Ende 1941/ Anfang 1942 zahlreiche Sitzungen ein, um mit allen beteiligten Stellen (Reichsanwaltschaft, Volksgerichtshof, AA, Justizminister und Gestapo) Richtlinien für den Prozeß festzulegen und unter dem Motto „Auf der Anklagebank sitzt das Weltjudentum" einen Aktionsplan auszuarbeiten.

Am 22. Januar 1942 kam es indessen zu einer Sitzung

im Justizministerium, die dem Verfahren eine ganz unerwartete Wendung geben sollte. Der damalige Staatssekretär Freisler konfrontierte die überraschten Teilnehmer mit folgenden Einwänden:

– es sei möglich, daß Grünspan die *Rechtmäßigkeit seiner Auslieferung* angreife,

– es sei nicht ausgeschlossen, daß Grünspan im Termin *homosexuelle* Beziehungen zu seinem Opfer behaupte.

Zum zweiten Punkt äußerte Freisler Zweifel, „ob das Risiko dieser Einlassung auch bei propagandistischer Auswertung und Gestaltung des Prozesses getragen werden kann."

Zum ersten Punkt forderte er eine Bestätigung des AA und des Promi, „daß aus diesem Grunde gegen die Durchführung des Prozesses vor der Weltöffentlichkeit im gegenwärtigen Zeitpunkt keine Bedenken bestehen."

Die Herren aus dem Promi waren konsterniert. Besonders der Hinweis auf § 175 RStGB traf sie völlig unerwartet. Wann die Homosexuellen-Variante in die Akten kam, ist ungeklärt. Fest steht, daß dieses Thema bei den Vernehmungen Grünspans von der Gestapo selbst zur Sprache gebracht worden war und daß der vernehmende SD-Beamte, ein Assessor Jagusch, hierüber einen internen Aktenvermerk angefertigt hatte.

Das Promi mußte weiter entsetzt feststellen, daß dieser Komplex – sei es auch nur zur Abwehr einer erwarteten Schutzbehauptung – in die Anklageschrift aufgenommen und damit auch Grünspan zur Kenntnis gebracht worden war. Grünspan hatte übrigens diesen „Hinweis" sofort aufgegriffen und u.a. seinem Gutachter erzählt, vom Rath habe ihm für seine Liebesdienste versprochen, seinen Eltern zu helfen.

Goebbels vermerkte am 24. November 1942 in seinem Tagebuch: „Der Mordprozeß Grünspan steht nun wieder zur Debatte. Grünspan hat das freche Argument gefunden, daß er mit dem erschossenen Legationsrat vom Rath ein homosexuelles Verhältnis gehabt habe. Das ist natürlich eine unverschämte Lüge; immerhin ist sie geschickt erdacht, und sie würde, wenn sie im öffentlichen Prozeß vorgebracht würde, sicherlich das Hauptargument der gegnerischen Propaganda werden. Ich lasse deshalb Vorsorge treffen, daß nur ein Teil der Prozeßverhandlung öffentlich vor sich geht, der andere Teil soll hinter verschlossenen Türen stattfinden."

Grünspan hatte nicht nur ein „freches", sondern auch ein besonders erfolgreiches Argument gefunden, das den Prozeß gegen das Weltjudentum auf die Hintertreppe zu befördern drohte. (Sollte der Prozeß einem enttäuschten Strichjungen gemacht werden; das Staatsbegräbnis einem im Milieu untergegangenen Homosexuellen gegolten haben?)

Goebbels versuchte mit aller Macht, den Prozeß als politischen Schauprozeß zu retten und erreichte bei Hitler zunächst, daß der als zuverlässig geltende Präsident des Volksgerichtshofes, Dr. Thierack, mit der juristischen Führung des Prozesses beauftragt und Staatssekretär Freisler ausgeschaltet wurde. Thierack war ein willfähriger, aber auch ein vorsichtiger Jurist. Er wünschte von Hitler eine schriftliche Bestätigung dieses Auftrages, was ihn allerdings nicht daran hinderte, am 7. April 1942 in einer Großbesprechung so etwas wie die Generalprobe des Grünspan-Prozesses zu veranstalten.

Am 10. April 1942 erfolgte ein erneuter Querschuß der Juristen. Das Justizministerium bat Goebbels in aller Form um „baldige Mitteilung, daß dem Führer bei seiner Billigung der Durchführung der Hauptverhandlung vor der Weltöffentlichkeit die Möglichkeit bekannt war, daß Grünspan zum Zwecke seiner Verteidigung angebliche homosexuelle Beziehungen des Gesandtschaftsrates vom Rath während der Verhandlung behaupten wird." Eine solche Bestätigung konnte Goebbels naturgemäß ohne erneute Rücksprache mit Hitler nicht geben, und von Hitler war sie nicht zu erwarten.

Goebbels begann nun selbst, an der Durchführbarkeit des Prozesses zu zweifeln. Er sah immer deutlicher die Gefahr vor Augen, daß der Angeklagte sich auf die Andeutung homosexueller Beziehungen beschränken und im übrigen die Aussage verweigern werde. Goebbels entschloß sich, den Fall Hitler durch Reichsleiter Bormann erneut vortragen zu lassen.

Hitler erteilte indessen die erwünschten Vollmachten und Anweisungen nicht. Er ordnete vielmehr an, daß der Grünspan-Prozeß einstweilen nicht zu führen sei und daß er sich die Bestimmung des Zeitpunktes selbst vorbehalte. Hierbei blieb es bis zum Kriegsende. Der Hochverratsprozeß gegen Grünspan wurde nie geführt!

Was ist nun aus Herschel Grünspan geworden? Im Jerusalemer Eichmann-Prozeß hat Grünspans Vater 1960 als Zeuge erklärt, er habe von seinem Sohn seit der Kapitulation Frankreichs nicht mehr gehört.[3] Etwa zur gleichen Zeit konnte man im Anzeigenteil der „Welt" folgende Notiz lesen: „88 II 309/59 – Durch Beschluß vom 1.6.60 ist der Modezeichner Herschel Feibel Grünspan (Grynszpan), geboren am 28.3.21 in Hannover, zuletzt wohnhaft gewesen in Paris und Vichy (Frankreich), für tot erklärt. Als Zeitpunkt des Todes ist der 8.5.1945 festgestellt. Amtsgericht Hannover 1.6.60."

Andere Quellen legen allerdings den Schluß nahe, daß es sich bei dieser Toterklärung auf Antrag der Familie Grünspan um eine bewußte Mystifikation handelt.

Helmut Heiber hat 1957 in seiner Untersuchung über den „Fall Grünspan" aufgrund von Recherchen des Instituts für Zeitgeschichte erklärt, daß Herschel Grünspan unter falschem Namen in Paris lebe.[4]

Weitere Einzelheiten teilte der Journalist Egon Larson in der Zeitschrift „World Jewry" vom November 1959 mit: Grünspan sei verheiratet, habe 2 Kinder und arbeite in einer Vorortgarage in Paris.[5]

„Nach unseren Informationen aus Paris", schrieb die in Köln erscheinende „Deutsche Zeitung und Wirtschaftszeitung" am 23.7.1960, „entsprechen diese Angaben den Tatsachen. Die französische Polizei bestätigte Grünspans Anwesenheit in Paris und erklärte, sie werde ihn unbedingt decken. Der Mann wolle seine Ruhe haben. Die Todeserklärung, die von der Familie beantragt wurde, scheint demnach falsch zu sein!"[6]

Grünspan soll, so wird ferner behauptet, nach mehrmonatigem Aufenthalt als Sonderhäftling im KZ Sachsenhausen 1941 in das Untersuchungsgefängnis in Moabit eingeliefert worden sein. In der Folgezeit habe man ihn durch verschiedene Lager und Gefängnisse geschleust. Bis Anfang Februar 1945 könne man seine Spur in den Akten verfolgen. Damals soll er aus der Gegend von Hamburg nach Magdeburg gebracht worden sein. Dann verliert sich seine Spur in den Wirren beim Zusammenbruch des Deutschen Reiches.

Genauer stand es im „Spiegel" vom 31.8.1960: „Am 28. Januar 1945 kam er (Grynszpan) ausweislich der Zugangsliste unter Nummer 3520/44 aus dem Zuchthaus Sonnenburg in den Arrestbau des Zuchthauses Brandenburg, wurde aber schon zwei Tage später zur Verfügung des Reichssicherheitshauptamtes nach Magdeburg eskortiert, wo ihn die amerikanischen Truppen später auf freien Fuß setzten. Er tauchte nach Kriegsende in Frankreich unter und lebt heute laut Auskunft der französischen Polizei unter falschem Namen in Paris."[7]

Seither sind mehr als 27 Jahre vergangen. Von den Haupttätern der Reichskristallnacht, selbst von den Teilnehmern der Ministerbesprechung dürfte niemand mehr am Leben sein. Sollte Herschel Feibel Grünspan sie alle überlebt haben und sollten wir hieraus nicht gewisse Schlüsse ziehen?

Anmerkungen

Vorwort

1. Thomas Mann, GW XII, S. 863 – 899
2. Thomas Mann, GW XII, S. 829 – 845 (832 f)
3. Domarus, Hitler, Reden und Proklamationen 1932 – 1945, S. 1423
4. Zusammenstellung in „Die Zeit" Nr. 45 vom 3.11.1978, wiedergegeben bei Dickmann, Die Reichskristallnacht, S. 20
5. Hilberg, Die Vernichtung der europäischen Juden, Die Gesamtgeschichte des Holocaust, S. 15 ff
6. Dickmann, S. 39 (Das Echo der „Reichskristallnacht" in den USA); Kochan, POGROM, S. 128 Fn. 1; vgl. auch Thomas Manns Tagebucheintrag vom 13.11.1938: „Englisch-amerikanische Presse stellt fest, daß die Vorgänge in Deutschland nichts mehr mit westeuropäischem Wesen zu tun haben, sondern nur mit denen der russischen Revolution zu vergleichen sind."
7. IMT XXVIII, Dokument 1757-Ps, S. 69
8. IMT XIII, S. 135

Deutschland im Herbst 1938

1. In der Vorbetrachtung zu seiner Hitlerbiographie, S. 25. Sebastian Haffner hat dieses „Gedankenexperiment" in seinen „Anmerkungen zu Hitler" aufgegriffen und kritisch vertieft (S. 43). Vgl. im übrigen schon Ernst Nolte, Der Faschismus ist seiner Epoche, S. 431: „Gleichwohl ist die Frage nicht unberechtigt, ob Hitler nicht, wenn er bald nach dem Münchener Triumph gestorben wäre, als einer der größten Deutschen in die Geschichte eingegangen wäre".

2. Vgl. Manuel Humbert, Adolf Hitlers „Mein Kampf", Dichtung und Wahrheit, im Kapitel Friedensmusik: „Die Musik der Friedenssicherung war dazu bestimmt, den Lärm der Rüstungen zu übertönen" (S. 359).

3. v. Kotze/Krausnick, Es spricht der Führer, S. 167 f

4. v. Kotze/Krausnick, S. 269

5. Domarus, S. 1315

6. Domarus, S. 1423

7. Hofer, Der Nationalsozialismus, S. 181

8. Domarus, S. 276 f

9. Domarus, S. 306

10. Domarus, S. 317

11. Hofer, S. 182

12. DNB-Text vom 2.8.1934, wiedergegeben in RGBl I, S. 749

13. RGBl I, S. 609

14. Domarus, S. 505 ff

15. Domarus, S. 596

16. Zentner, Adolf Hitlers Mein Kampf, S. 137

17. Joachim Fest, Hitler, S. 681

18. Hofer, S. 86

19. Maser, Adolf Hitler, Legende-Mythos-Wirklichkeit, S. 374 f
20. Domarus, S. 743
21. Domarus, S. 745
22. Wiedergegeben bei Hofer, S. 193 ff
23. Domarus, S. 760
24. Domarus, S. 785 Fn 65a
25. Hofer, S. 197
26. Domarus, S. 834
27. Hofer, S. 202 f
28. Domarus, S. 855
29. Hofer, S. 204
30. Hofer, S. 203
31. Domarus, S. 961
32. Domarus, S. 1049
33. Domarus, S. 1249
34. Zu den Einzelheiten der Pressekampagne: Facsimile Querschnitt durch den Völkischen Beobachter, S. 26
35. v. Kotze/Krausnick, S. 274
36. Domarus, S. 901
37. Zu den Einzelheiten der Begegnung: Domarus, S. 907 f
38. Zentner, S. 220
39. Hofer, S. 208
40. Domarus, S. 939
41. GW XII, S. 838 f
42. Zentner, S. 221
43. Hofer, S. 219
44. Fest, S. 776
45. Politisches Testament, S. 100
46. Dieser Friede, S. 842
47. Thalmann, Das Protokoll der Wannseekonferenz: Vom Antisemitismus zur „Endlösung der Judenfrage" in: „Wie war es möglich?", S. 156 ff (164)

48. Kochan, S. 15
49. Zu den Einzelheiten: Thalmann, a.a.O., S. 165 f
50. v. Kotze/Krausnick, S. 147 f

Die Judenfrage

1. Jäckel/Kuhn, Hitler, Sämtliche Aufzeichnungen, S. 89 f
2. Abgedruckt bei Hofer, S. 28 ff
3. Jäckel/Kuhn, S. 152
4. Jäckel/Kuhn, S. 775
5. Jäckel/Kuhn, S. 1242
6. Mein Kampf, S. 225
7. Mein Kampf, S. 738
8. Mein Kampf, S. 69 f
9. Zentner, S. 181
10. Maser, Adolf Hitler, Mein Kampf, S. 55
11. Zentner, S. 179; Maser, Adolf Hitler, Mein Kampf, S. 39, Fn. 45; Das Buchhonorar hat bis 1945 mehr als 8 Millionen RM betragen
12. Lange, Hitlers unbeachtete Maximen, S. S. 33 und besonders S. 161 ff: Ergebnis einer Befragung („unlesbar"; „nicht ernst genommen"; „zu langweilig"; „schnell beiseite gelegt")
13. in: Zeitgeschichtliche Kontroversen, S. 63
14. Jäckel, S. 13
15. Jäckel, S. 8
16. Jacobsen, Nationalsozialistische Außenpolitik 1933 – 1938, S. 328 ff

Die drei Verfolgungswellen

1. Zu Goebbels „Kampf um Berlin": Bramstedt, Goebbels und die nationalsozialistische Propaganda 1925 – 1945, S. 64 ff

2. Domarus, S. 195

3. RGBl I, S. 35 f

4. RGBl I, S. 43

5. RGBl I, S. 683; Fest, S. 548

6. Zu den nachfolgenden Einzelheiten der Verfolgungswelle: Adam, Judenpolitik im Dritten Reich, S. 47 ff

7. Abgebildet im Facsimile Querschnitt durch den Völkischen Beobachter, S. 130/131

8. Krausnick, Judenverfolgung in: Buchheim u.a.: Anatomie des SS-Staates, Bd. 2, S. 260

9. Zu den Einzelheiten: Adam, S. 51 ff

10. Dawidowicz, Der Krieg gegen die Juden 1933 – 1945, S. 62 f

11. Adam, S. 61 Fn. 190

12. RGBl I, S. 175. Da das turnusmäßige RGBl I Nr. 33 am 7. April 1933 bereits erschienen war, mußte eine Nr. 34 am gleichen Tag „nachgeschoben" werden

13. Zu den nachfolgenden Einzelheiten: Adam, S. 64 ff; 78 f

14. Deutsches Recht 1939, S. 1354

15. Domarus, S. 289

16. Adam, S. 82 ff

17. Domarus, S. 448

18. Adam, S. 114

19. Adam, S. 115 Fn. 5

20. Deutschland-Berichte der Sozialdemokratischen Partei Deutschlands (Sopade), Zweiter Jahrgang 1935, S. 806 f

21. Adam, S. 115
22. Deutschland-Berichte 1935, S. 804 f
23. Deutschland-Berichte 1935, S. 805, 813 f
24. Deutschland-Berichte 1935, S. 800 ff
25. Adam, S. 120
26. Deutschland-Berichte 1935, S. 921
27. Zu den Einzelheiten der „Schacht-Konferenz": Hilberg, S. 31 f; s. auch Adam, S. 123 f
28. Adam, S. 122
29. Adam, S. 120
30. Deutschland-Berichte 1935, S. 1028 f
31. Zur Vorgeschichte und zu den Einzelheiten der Nürnberger Gesetze: Adam, S. 125 ff
32. RGBl I, S. 1146
33. Domarus, S. 535 ff (537)
34. Hierzu näher Domarus, S. 537 f
35. Domarus, S. 538
36. Hilberg, S. 33
37. Zu den Einzelheiten dieses Arisierungsprozesses: Hilberg S. 72 ff
38. Hilberg, S. 76
39. Einzelheiten bei Kehrl, Krisenmanager im Dritten Reich, S. 112 f
40. IMT XIII, S. 130
41. Kochan, S. 27 f
42. RGBl I, S. 404
43. RGBl I, S. 414
44. RGBl I, S. 415
45. RGBl I, S. 627
46. Hilberg, S. 93
47. IMT XXVII, Dokument 1301-PS, S. 160 ff (163)
48. Zum Folgenden: Höhne, Der Orden unter dem Totenkopf, Die Geschichte der SS, S. 299 ff
49. Höhne, S. 306
50. Höhne, S. 301

51. Höhne, S. 309 f
52. Hilberg, S. 279
53. Höhne, S. 311
54. RGBl I, S. 922
55. RGBl I, S. 1044, näheres bei Hilberg, S. 129 f
56. RGBl I, S. 1342
57. Hilberg, S. 279
58. Adam, S. 199
59. Ausführlich hierzu: Kochan, S. 36 ff; vgl. auch Fernschreiben RFSS über die Abschiebung polnischer Juden vom 27.10.1938, abgedruckt bei Lauber, Judenpogrom, S. 51
60. Kochan, S. 38
61. Wortlaut der Postkarte bei Lauber, S. 53

Die Aktionswoche

Das Attentat

1. VB v. 9. November 1938, S. 3
2. Bramstedt, S. 504
3. Bramstedt, S. 524 Fn. 29
4. VB v. 8. November 1938,, S. 2
5. Graml, Der 9. November 1938, S. 18 ff
6. VB v. 9. November 1938, S. 3 („Harmloser Knabe?")
7. VB v. 10. November 1938, S. 1
8. Dietrich, 12 Jahre mit Hitler, S. 55 f; Kochan, S. 51
9. IMT XX, S. 320
10. IMT XXXII, Dokument 3063-PS, S. 20 – 29 (21)
11. Zu den nachfolgenden Einzelheiten ausführlich Graml, S. 26 f und Kochan, S. 30 ff
12. Hofer, S. 291

13. Graml, S. 36

14. Graml, S. 37; ausführlicher und mit voller Namensnennung der Beteiligten: Kochan, S. 64 f

15. IMT XXXII, S. 24, Fall Nr. 8

16. IMT XXXII, S. 27

17. IMT XXXII, S. 29

18. IMT XLII, Affidavit Schallermeier(SS-5), S. 511 f

19. IMT XLII, S. 512

20. Der entsprechende Passus, der Höhnes Behauptung, Wolff habe die Befehle Hitlers an Heydrich weitergegeben, in den Bereich der Spekulation verweist, lautet: „Der Führer ist im Hof der Residenz angekommen und schreitet nun unter den Klängen des Präsentiermarsches, geleitet von Gruppenführer Wolff zur Feldherrenhalle, wo ihm der Reichsführer SS die Meldung erstattet."

21. IMT XXV, Dokument 374-PS, S. 377 f

22. IMT XXXI, Dokument 3051-PS, S. 516 ff

23. Deutschland-Berichte 1938, S. 1197, 1201, 1335 u. 1341

24. Freimark/Kopitzsch, Der 9./10. November 1938 in Deutschland, S. 30

25. IMT XXXI, S. 518 f

26. Deutschland-Berichte 1938, S. 1194 f, 1339

27. Bramstedt, S. 506

28. IMT XIII, S. 131 ff; Toland, Adolf Hitler, S. 662

29. Freimark/Kopitzsch, S. 31

30. Zu den Einzelheiten: Aussage Göring in Nürnberg, IMT IX, S.312 f

31. IMT XXVII, Dokument 1208-PS, S. 69 ff

32. Freimark/Kopitzsch, S. 30

33. Freimark/Kopitzsch, S. 32

34. Dickmann, S. 39

35. Vollständiger Wortlaut bei Freimark/Kopitzsch, S. 26 ff

36. vgl. hierzu Heydrichs Bericht vom 11.11.1938 in IMT XXXII, Dokument 3658-PS, S. 1 f

37. Es sind: Göring (VJP); Woermann (AA); Frick, Stuckart (RMdI); Heydrich, Daluege (RFSS); Goebbels (Promi); v. Krosigk (Finanzen); Gürtner (Justiz); Funk, Brinkmann, Kehrl, Schmeer (RWM); Blessing (Reichsbank); Hilgard (Versicherungen); Fischböck, Bürckel (Österreich); vgl. auch die Kurzbiographien zur Reichskristallnacht im Anhang

Die Konferenz

1. Grundlage dieses Kapitels bildet die „Stenografische Niederschrift über einen Teil der Besprechung über die Judenfrage unter Vorsitz von Feldmarschall Göring im RLM am 12. November 1938 11 Uhr", IMT XXVIII, Dokument 1816-PS, S. 499 – 540. Die Niederschrift bestand ursprünglich aus 7 Teilen. Die Teile 2, 4, 6 sind nicht erhalten geblieben. Die erhaltenen Passagen sind im Text deutlich voneinander abgegrenzt. Sonstige Auslassungen bzw. Kürzungen sind durch Punkte markiert. Sie betreffen durchweg nur Wiederholungen und langatmige Ausführungen. Der Sinngehalt wird dadurch nicht berührt.

Die „Antwort des deutschen Volkes"

1. RGBl I, S. 1581
2. RGBl I, S. 1579
3. RGBl I, S. 1580
4. RGBl I, S. 1638
5. RGBl I, S. 709
6. Adam, S. 209 Fn. 30
7. Parole der Woche (PdW), S. 59

Bilanz

1. Graml, S. 3
2. IMT XXXII, Dokument 3063-PS, S. 20 – 29
3. Voller Wortlaut bei Buchheim, Befehl und Gehorsam in Buchheim u.a., Anatomie des SS-Staates, Band 1, S. 287 ff
4. IMT IX, S. 312 f
5. v. Hassell, Vom andern Deutschland, S. 39
6. IMT XLII, Affidavit Schallermeier (SS-5), S. 512
7. Dietrich, S. 56
8. Carl J. Burckhardt, Meine Danziger Mission 1937 – 1939, S. 226
9. Buchheim, Die SS – Das Herrschaftsinstrument in Buchheim u.a., Anatomie des SS-Staates, Band 1, S. 16
10. vgl. hierzu und zum Folgenden näher: Buchheim, Befehl und Gehorsam, S. 216 ff
11. z.B. Parole der Woche zum Tag der Machtergreifung 1937 (PdW), S. 37. Noch am 10. Jahrestag der

„Machtergreifung", als die 6. Armee in Stalingrad kapitulierte, hieß die Parole der Woche: „Freiheit das Ziel, Sieg das Panier, Führer befiehl, wir folgen Dir" (PdW, S. 116).

12. Parole der Woche, S. 37
13. Toland, Adolf Hitler, S. 663 unten, Graml, S. 11
14. Wortlaut bei Freimark/Kopitzsch, S. 26 – 29
15. VB v. 14. November 1938, S. 1
16. v. Hassell, S. 35
17. Höhne, S. 315
18. Höhne, S. 316
19. IMT XX, S. 322
20. v. Hassell, S. 39
21. v. Hassell, S. 31
22. Carl J. Burckhardt, S. 230
23. Deutschland-Berichte 1938, S. 1196
24. Deutschland-Berichte 1938, S. 1336 f
25. Deutschland-Berichte 1938, S. 1195 ff
26. Graml, S. 41
27. Höhne, S. 419
28. Kaul, Der Fall des Herschel Grynszpan, S. 38 f
29. Kogon, Der SS-Staat, S. 229 ff
30. v. Hassell, S. 30
31. Aussage Funk IMT XIII, S. 130 ff
32. Aussage Funk, S. 135
33. v. Hassell, S. 39 f
34. v. Krosigk, Memoiren, S. 191
35. Krausnick, Judenverfolgung in Buchheim u.a. Anatomie des SS-Staates, Band 2, S. 277
36. Aussage vom 26. Mai 46, IMT XIV, S. 466
37. Deutschland-Berichte 1938, S. 1195
38. Deutschland-Berichte 1938, S. 1191
39. Oppenheimer/Stuckmann/Schneider, Als die Synagogen brannten, S. 131
40. v. Hassell, S. 30

41. Freimark/Kopitzsch, S. 71
42. Deutschland-Berichte 1938, S. 1205 – 1210
43. v. Hassell, S. 35
44. Deutschland-Berichte 1938, S. 1354 – 1357

Auf dem Weg zur Endlösung

1. Adam, S. 236, Fn. 13
2. Adam, S. 27
3. Domarus, S. 252
4. Krausnick, Judenverfolgung, S. 280
5. Krausnick, Judenverfolgung, S. 281; Adam, S. 235
6. Domarus, S. 1058
7. Domarus, S. 1663
8. Domarus, S. 1829
9. Domarus, S. 1920
10. Hitler hat 1942 noch bei drei weiteren Gelegenheiten an seine Prophezeiungen erinnert; allerdings mehr beiläufig und ohne Bezugnahme auf den 1.9.1939: Am 1. Januar, 24. Februar und 8. November 1942 (Domarus, S. 1821, 1844 u. 1937)

Epilog

1. Zu den nachfolgenden Einzelheiten: Heiber, Der Fall Grünspan und besonders Kaul, Der Fall des Herschel Grynszpan
2. Kaul, S. 12, Fn. 2
3. Kaul, S. 175 f
4. Heiber, S. 172
5. Kaul, S. 176
6. „Ein Toter, der noch lebt" v. Klaus Natrop
7. Spiegel Nr. 36/1960, S. 22 – 25: „Grünspan-Attentat/Der Tote lebt", hier S. 25

Literatur

Adam, Uwe Dietrich: Judenpolitik im Dritten Reich, Königstein i. Ts., Düsseldorf 1979.

Akten zur deutschen auswärtigen Politik 1918 – 1945, Serie D (1937 – 1941), Band V (Juni 1937 – März 1939), Baden-Baden 1953.

Bennecke, Heinrich: Hitler und die SA, München und Wien 1962.

Bracher, Karl Dietrich: zeitgeschichtliche Kontroversen, Um Faschismus, Totalitarismus, Demokratie, Serie Piper, Band 353, erweiterte Neuausgabe, München 1984.

Bramstedt, Ernest K.: Goebbels und die nationalsozialistische Propaganda 1925 – 1945, Frankfurt a.M. 1971.

Brinkmann, Rudolf: Wirtschaftspolitik aus nationalsozialistischem Kraftquell, Jena 1939.

Broszat, Martin: Der Staat Hitlers, dtv-Weltgeschichte des 20. Jahrhunderts 4009, 7. Auflage, München 1978.

Buchheim, Hans – *Broszat*, Martin – *Jacobsen*, Hans-Adolf – *Krausnick*, Helmut: Anatomie des SS-Staates, Band 1 (Buchheim), Band 2 (Broszat, Jacobsen, Krausnick), dtv dokumente 2915 und 2916, 3. Auflage, München 1982.

Burckhardt, Carl J.: Meine Danziger Mission 1937 – 1939, München 1960.

Dawidowicz, Lucy S.: Der Krieg gegen die Juden 1933 – 1945, München 1979.

Der Prozeß gegen die Hauptkriegsverbrecher vor dem Internationalen Militärgerichtshof (IMT) Nürnberg, 14. November 1945 – 1. Oktober 1946, Bde. IX, XIII, XIV, XX, XXV, XXVII, XXVIII, XXXI, XXXII u. XLII, Nürnberg 1947 ff.

Deutschland-Berichte der Sozialdemokratischen Partei Deutschland (Sopade), Zweiter Jahrgang 1935 und Fünfter Jahrgang 1938, Neu herausgegeben von Klaus Behnken, Salzhausen u. Frankfurt a.M. 1980.

Deutschlands Weg in die Diktatur: Referate u. Diskussionen; ein Protokoll, Internationale Konferenz zur Nationalsozialistischen Machtübernahme, herausgegeben von Martin Broszat u.a., Berlin 1983.

Dickmann, Elisabeth: Die Reichskritallnacht – Materialien zum Antisemitismus und zur Judenverfolgung, Bremen 1978 (Veröffentlichung der UB Bremen).

Dietrich, Otto: 12 Jahre mit Hitler, München 1955.

Domarus, Max: Hitler, Reden und Proklamationen 1932 – 1945, Kommentiert von einem deutschen Zeitgenossen, I. Band: Triumpf (1932 – 1938), II. Band: Untergang (1939 – 1945), Würzburg 1962 u.1963.

Facsimile Querschnitt durch den Völkischen Beobachter, herausgegeben v. Sonja Noller u. Hildegard v. Kotze, München, Bern, Wien 1967.

Fest, Joachim C.: Hitler, Eine Biographie, Frankfurt/M., Berlin, Wien 1973.

Focke, Harald – *Reimer*, Uwe: Alltag der Entrechteten, Wie die Nazis mit ihren Gegnern umgingen, „Alltag unterm Hakenkreuz“, Band 2, Ro aktuell 4625, Reinbek bei Hamburg 1980.

Fraenkel, Heinrich – *Manvell*, Roger: Hermann Göring, Hannover 1964.

Freimark, Peter – *Kopitzsch*, Wolfgang: Der 9./10. November 1938 in Deutschland, Dokumentation zur „Kristallnacht“, Hamburg 1978.

Graml, Hermann: Der 9. November 1938, „Reichskristallnacht", 4. Auflage, Bonn 1956. (Herausgeber: Bundeszentrale für Heimatdienst).

Haffner, Sebastian: Anmerkungen zu Hitler, Fischer Taschenbuch 3489, 101. – 130. Tausend, Frankfurt a.M. 1983.

Hassell, Ulrich von: Vom andern Deutschland, aus den nachgelassenen Tagebüchern 1938 – 1944, Zürich/Freiburg i.Br. 1946.

Heiber, Helmut: Der Fall Grünspan, Vierteljahreshefte f. Zeitgeschichte, 5. Jahrgang 1957, 2. Heft/April, S. 134 – 172, Stuttgart 1957.

Heydecker, Joe J. – *Leeb*, Johannes: Der Nürnberger Prozeß, Bilanz der Tausend Jahre, Köln/Berlin 1960.

Hilberg, Raul: Die Vernichtung der europäischen Juden, Die Gesamtgeschichte des Holocaust, Berlin 1982.

Hildebrand, Klaus: Deutsche Außenpolitik 1933 – 1945, Kalkül oder Dogma?, Vierte, ergänzte Auflage, Stuttgart 1980.

Hildebrand, Klaus: Das Dritte Reich, 2. Auflage, München, Wien 1980 (Oldenbourg – Grundriß der Geschichte, Bd. 17).

Hillgruber, Andreas: Endlich genug über Nationalsozialismus und Zweiten Weltkrieg?, Forschungsstand und Literatur, Düsseldorf 1982.

Hitler, Adolf: Mein Kampf, 78. – 84. Auflage, München 1933.

Hitlers Politisches Testament, Die Bormann-Diktate vom Februar und April 1945. Mit einem Essay von Hugh R. Trevor-Roper, Hamburg 1981.

Hitler, Adolf Hitler in Selbstzeugnissen und Bilddokumenten, dargestellt von Harald Steffahn, Rowohlts Monographien 316, Hamburg 1983.

Höhne, Heinz: Der Orden unter dem Totenkopf, Die

Geschichte der SS, Goldmann Sachbuch 11179, 3. Auflage, München 1981.

Höß, Rudolf: Kommandant in Auschwitz, Autobiographische Aufzeichnungen, dtv dokumente 2908, 4. Auflage, München 1978.

Hofer, Walter (Hrsg.): Der Nationalsozialismus, Dokumente 1933 – 1945, Fischer Taschenbuch 6084, Überarbeitete Neuausgabe, 869.–950. Tausend, Frankfurt a.M. 1982.

Hüttenberger, Peter: Die Gauleiter, Studie zum Wandel des Machtgefüges in der NSDAP, Schriftenreihe der Vierteljahreshefte für Zeitgeschichte, Nummer 19, Stuttgart 1969.

Hubert, Manuel (i.e. Kurt Caro): Adolf Hitlers „Mein Kampf", Dichtung und Wahrheit, Paris 1936.

Jacobsen, Hans-Adolf: Nationalsozialistische Außenpolitik 1933 – 1938, Frankfurt am Main/Berlin 1968.

Jäckel, Eberhard – *Kuhn*, Axel (Hrsg.): Hitler, Sämtliche Aufzeichnungen 1905 – 1924, Stuttgart 1980.

Jäckel, Eberhard: Hitlers Weltanschauung, Entwurf einer Herrschaft, Erweiterte und überarbeitete Neuausgabe, 2. Auflage, Stuttgart 1983.

Kaul, Friedrich Karl: Der Fall des Herschel Grynszpan, Berlin 1965.

Kehrl, Hans: Krisenmanager im Dritten Reich, Erinnerungen, Düsseldorf 1973.

Kennzeichen J, Bilder, Dokumente, Berichte zur Geschichte der Verbrechen des Hitlerfaschismus an den deutschen Juden 1933 – 1945, Herausgegeben von Helmut Eschwege, 2. Auflage, Berlin 1981.

Kochan, Lionel: POGROM, 10. November 1938, London 1957.

Kogon, Eugen: Der SS-Staat, Das System der deutschen Konzentrationslager, Heyne Sachbuch 7027, 11. Auflage, München 1982.

Kotze, Hildegard von – *Krausnick*, Helmut: „Es spricht der Führer", Sieben exemplarische Hitler-Reden, Gütersloh 1966.

Krosigk, Lutz Graf Schwerin von: Memoiren, Stuttgart 1977.

Lange, Karl: Hitlers unbeachtete Maximen, „Mein Kampf" und die Öffentlichkeit, Stuttgart 1968.

Lauber, Heinz: Judenpogrom: „Reichskristallnacht", November 1938 in Großdeutschland, 1. Auflage, Gerlingen 1981.

Mann, Thomas: Reden und Aufsätze, Bd. XII der Fischer Gesamtausgabe, Frankfurt a.M. 1965.

Maser, Werner: Adolf Hitler, Legende-Mythos-Wirklichkeit, Heyne-Biographien 15, 7. Auflage, München 1980.

Maser, Werner: Adolf Hitler Mein Kampf, Geschichte, Auszüge, Kommentare, Moewig Band 4329, 4. Auflage, Rastatt 1985.

Metzger, Hartmut: Kristallnacht, Dokumente von gestern zum Gedenken heute, Stuttgart 1978.

Michalka, Wolfgang (Hrsg.): Nationalsozialistische Außenpolitik, Darmstadt 1978.

Nationalsozialistische Diktatur 1933 – 1945, Eine Bilanz, Herausgaber: Karl Dietrich Bracher/Manfred Funke/Hans-Adolf Jacobsen, Düsseldorf 1983.

Neufeldt, Hans-Joachim – *Huck*, Jürgen – *Tessin*, Georg: Zur Geschichte der Ordnungspolizei 1936 – 1945, Koblenz 1957.

Nolte, Ernst: Der Faschismus in seiner Epoche, Action francaise, Italienischer Faschismus, Nationalsozialismus, Serie Piper 365, 6. Auflage, 18.-21. Tausend, München 1984.

Oppenheimer, Max – *Stuckmann*, Horst – *Schneider*, Rudi: Als die Synagogen brannten, Zur Funktion des Antisemitismus gestern und heute, Frankfurt a.M. 1978.

Parole der Woche, Eine Wandzeitung im Dritten Reich, Herausgegeben von Franz-Josef Heyen, dtv dokumente 2936, München 1983.

Petzina, Dieter: Autarkiepolitik im Dritten Reich, Der nationalsozialistische Vierjahresplan, Schriftenreihe der Vierteljahreshefte für Zeitgeschichte, Nummer 19, Stuttgart 1968.

Peuschel, Harald: Die Männer um Hitler, Braune Biographien:Martin Bormann, Joseph Goebbels, Hermann Göring, Reinhard Heydrich, Heinrich Himmler u.a., Düsseldorf 1982.

Pioch, Hans-Hugo: Das Polizeirecht einschließlich der Polizeiorganisation, 2. Auflage, Tübingen 1952.

Poliakov, Léon – *Wulf*, Josef: Das Dritte Reich und die Juden, Dokumente, Berlin 1955.

Poliakov, Léon – *Wulf*, Josef: Das Dritte Reich und seine Diener, Dokumente, Berlin 1956.

Rang- und Organisationsliste der NSDAP mit Gliederungen, angeschlossenen Verbänden und betreuten Organisationen, 2. Auflage, Stuttgart 1947.

Reichsband, Adressenwerk der Dienststellen der NSDAP, des Staates und der Berufsorganisationen mit Lexikon-Wegweiser von A-Z, I. Ausgabe Berlin 1937, II. Ausgabe Berlin 1939.

RGBl = Reichsgesetzblatt Teil I, Ausgabe Nr. 189 v. 14.11.1938, S. 1579 ff.

Reichshandbuch der Deutschen Gesellschaft, Das Handbuch der Persönlichkeiten in Wort und Bild, Herausgeber: Deutscher Wirtschaftsverlag Berlin, Bd. 1, Berlin 1930.

Reimann, Viktor: Dr. Joseph Goebbels, Molden Taschenbuch, Band 19, Wien-München 1976.

Sänger, Fritz: Politik der Täuschungen, Mißbrauch der Presse im Dritten Reich, Weisungen, Informationen, Notizen, 1933 – 1939, Wien 1975.

Schoenbaum, David: Die braune Revolution, Eine Sozialgeschichte des Dritten Reiches, dtv Zeitgeschichte 1590, München 1980.

Seabury, Paul: Die Wilhelmstraße, Die Geschichte der deutschen Diplomatie 1930 – 1945, Frankfurt a.M. 1956.

Staff, Ilse: Justiz im Dritten Reich, Fischer Bücherei 559, Frankfurt a.M. und Hamburg 1964.

Stern, J.P.: Hitler, Der Führer und das Volk, dtv Zeitgeschichte 1629, München 1981.

Stockhorst, Erich: Fünftausend Köpfe, Wer war was im Dritten Reich, Velbert und Kettwig 1967.

Thies, Jochen: Architekt der Weltherrschaft, Die „Endziele" Hitlers, Königstein/Düsseldorf 1980.

Toland, John: Adolf Hitler, Bergisch Gladbach 1977.

Urkunden zur Judenpolitik des Dritten Reiches, Dokumente zur Reichskristallnacht, „Aus Politik und Zeitgeschichte", Beilage zur Wochenzeitung „Das Parlament" B XXXXV/54, S.581 – 596, Herausgeber: Bundeszentrale für Heimatdienst, Bonn 1954.

Völkischer Beobachter, Kampfblatt der nationalsozialistischen Bewegung Großdeutschlands, Herausgeber: Alfred Rosenberg, Norddeutsche Ausgabe, Berlin 8. – 14. November 1938.

Wer ist's? Begründet und herausgegeben von Hermann A.L. Degener, X. Ausgabe, Berlin 1935.

Wer ist Wer? Das deutsche Who's Who, XII. Ausgabe von Degeners Wer ist's?, Herausgegeben von Walter Habel, Berlin 1955.

Wie war es möglich? Die Wirklichkeit des Nationalsozialismus, Neun Studien, Herausgegeben von Alfred Grosser, 16.-20. Tausend, Frankfurt a.M. 1982.

Wistrich, Robert: Wer war wer im Dritten Reich (Deutsche Ausgabe von „Who's who in Nazi Germany"), München 1983.

Zentner, Christian: Adolf Hitlers Mein Kampf, Eine kommentierte Auswahl, 4. Auflage, München 1984.

Kurzbiographien zur Reichskristallnacht (*Stand:* November 1938)

BLESSING, Karl
geb. 5.2.1900, Bankier; 1920 Eintritt in die Reichsbank; 1934 – 1937 Generalreferent im RWM; *seit 1937*: Mitglied des Reichsbankdirektoriums.

BRINKMANN, Rudolf
geb. 1893, Reichsbankdirektor; Preußischer Staatsrat; 1934 – 1937 Generalreferent im RWM; 1935 Vorstandsmitglied der Deutschen Golddiskontbank; *1938*: Staatssekretär im RWM; SS-Oberführer.

BUCH, Walter
geb. 24.10.1883, Berufsoffizier; 1922 Eintritt in die NSDAP; 1923 Führer der SA-Gruppe Franken (Nürnberg); *seit 1927*: Vorsitzender des Untersuchungs- und Schlichtungsausschusses der NSDAP (Uschla); 1928 MdR; *seit 1934*: Oberster Richter der Partei (Reichsleiter); SS-Gruppenführer.

BÜRCKEL, Josef
geb. 30.3.1895, Lehrer; 1925 Eintritt in die NSDAP; 1926 Gauleiter der Rheinpfalz; 1930 MdR; *seit 1933*: Gauleiter in der Saarpfalz; 1934 Saarbevollmächtigter der Reichsregierung; 1935/36 Reichskommissar für das Saarland; *1935*: NSKK-Gruppenführer; *1936*: SA-Obergruppenführer; *1937*: SS-Gruppenführer; *1938*: Reichskommissar für die Wiedervereinigung Österreichs mit dem Reich.

DALUEGE, Kurt
geb. 15.9.1897, Ingenieur; 1926 Eintritt in die NSDAP; Gründer und Führer der Berliner SA bis 1928; 1929 – 1933 Führer der SS-Gruppe Ost; 1932 MdprL; 1933 MdR; Ministerialdirektor im RMdI und Generalleutnant der Preußischen Landespolizei; Preußischer Staatsrat; *seit 1936*: Chef des Hauptamtes Ordnungspolizei; SS-Obergruppenführer und General der Polizei.

DIETRICH, Otto
Dr.rer.pol., geb. 31.8.1879, Redakteur; *seit 1931*: Reichspressechef der NSDAP (Reichsleiter); 1932 zur SS; *seit 1933*: Vizepräsident der Reichspressekammer; *seit 1934*: SS-Gruppenführer; *seit 1938*: Pressechef der Reichsregierung und Staatssekretär im Promi.

EBERSTEIN, Friedrich Karl Freiherr von
geb. 14.1.1894, Offizier; 1928 zur SS; 1929 Adjutant bei der SS-Führung in Thüringen; 1931 im Stab OSAF; Gausturmführer München-Oberbayern; 1933 SS-Gruppenführer und Führer des Oberabschnitts Mitte; MdR; *seit 1936*: Polizeipräsident von München und SS-Obergruppenführer; *1938*: Führer des SS-Oberabschnitts Süd.

EICKE, Theodor
geb. 17.10.1892, Polizist; 1928 Eintritt in die NSDAP und SA; 1930 zur SS; 1931 Führer der SS in der Rheinpfalz; 1933 Kommandant des KL Dachau; 1934 Inspekteur der KL und Führer der SS-Wachverbände; SS-Gruppenführer; *seit 1936*: Inspekteur KL und Führer der SS-Totenkopfverbände (TV) mit Sitz in Oranienburg.

FISCHBÖCK, Hans
Dr.jur., geb. 24.1.1895, Bankier; 1936 Leitender Direk-

tor der österreichischen Versicherungs-AG; *1938*: Landesminister für Handel und Verkehr in Österreich; MdR.

FREISLER, Roland
Dr.jur., geb. 30.10.1893, Jurist; 1923 Rechtsanwalt; 1924 Stadtverordneter in Kassel; MdL; 1925 Eintritt in die NSDAP; 1932 MdprL; *seit 1934*: Staatssekretär im Reichsjustizministerium; MdR; Preußischer Staatsrat.

FRICK, Wilhelm
Dr.jur., geb. 12.3.1877, Polizeibeamter; 1923 Beteiligung am Hitler-Putsch; 1924 MdR; *seit 1928*: Führer der Reichstagsfraktion der NSDAP (Reichsleiter); 1930 erster nationalsozialistischer Landesminister (Thüringen); *seit 1933*: Reichsminister des Innern (RMdI).

FUNK, Walther
geb. 18.8.1890, Wirtschaftsjournalist; 1921 – 1930 Chefredakteur der Berliner Börsenzeitung; 1931 Eintritt in die NSDAP; Wirtschaftsberater des Führers (RWR); 1932 Hauptabteilungsleiter in der Reichsleitung der NSDAP; MdR; 1933 Pressechef der Reichsregierung; dann Staatssekretär im Promi; *1938*: Reichswirtschaftsminister und Generalbevollmächtigter für die Kriegswirtschaft.

GOEBBELS, Joseph
Dr.phil., geb. 29.10.1897; ohne Beruf; 1924 Eintritt in die NSDAP; *seit 1926*: Gauleiter von Groß-Berlin; 1928 MdR; *seit 1929*: Reichspropagandaleiter der NSDAP (Reichsleiter); *seit 1933*: Reichsminister für Volksaufklärung und Propaganda; Präsident der Reichskulturkammer.

GÖRING, Hermann
geb. 12.1.1893, Jagdflieger im I. Weltkrieg; 1922 Eintritt in die NSDAP; Organisator und Oberster Führer der SA; 1923 Teilnahme am Hitler-Putsch; 1928 MdR; *seit 1932*: Präsident des Reichstages; *seit 1933*: Preußischer Ministerpräsident; Präsident des Preußischen Staatsrats und Reichsminister der Luftfahrt; *seit 1934*: Reichsforst- und Reichsjagdmeister; *seit 1935*: Oberbefehlshaber der Luftwaffe; *seit 1936*: Beauftragter für Vierjahresplan; *seit April 1938*: Generalfeldmarschall.

GÜRTNER, Franz
Dr.jur.h.c., geb. 26.8.1881, Jurist; zunächst Syndicus; Staatsanwalt; Richter; 1922 Bayer. Staatsminister der Justiz; *seit 1932*: Reichsminister der Justiz.

HEYDRICH, Reinhard
geb. 7.3.1904; Marineoffizier; 1931 Eintritt in die NSDAP; zur SS; 1932 Chef des Sicherheitsdienstes (SD) der SS; 1933 Leiter der Bayer. Politischen Polizei (BPP); 1934 Leitung der Preußischen Gestapa; *seit 1934*: SS-Gruppenführer; Preußischer Staatsrat; MdR; *seit 1936*: Chef der Sicherheitspolizei und des SD (CSSD).

HILGARD, Eduard
geb. 1.3.1884, Jurist; ab 1919 im Reichswirtschaftsministerium (zuletzt Oberregierungsrat); seit 1921 bei der „Allianz"-Versicherung in Berlin; 1925 Vorstandsmitglied der „Allianz" und der Stuttgarter Verein Versicherungs-AG; 1930 Leiter der Neuen Frankfurter Allgemeinen Versicherungs-AG; *1938*: Leiter der Reichsgruppe Versicherungen.

HIMMLER, Heinrich
geb. 7.10.1900, Dipl.-Landwirt; 1923 Teilnahme am Hit-

ler-Putsch; 1925 Eintritt in die NSDAP; 1925/26 stellv. Gauleiter von Bayern; 1927 stellv. Reichsführer SS; *seit 1929*: Reichsführer SS; 1930 MdR; Preußischer Staatsrat; ab 1933 Kommandeur der Politischen Polizeien der Länder; 1934 stellv. Chef und Inspekteur der Preußischen Staatspolizei; *seit 1936*: Reichsführer SS und Chef der deutschen Polizei im Reichsministerium des Innern.

HITLER, Adolf
geb. 20.4.1889; ohne Beruf; Soldat im I. Weltkrieg; 1919 Eintritt in die DAP; 1920 „Gründung" der NSDAP; 1923 Putschversuch in München; 1924 Festungshaft; 1925 Neugründung der NSDAP; *seit 1931*: OSAF; *seit 1933*: Reichskanzler; *ab 1934*: Übernahme der Funktionen des Reichspräsidenten („Der Führer und Reichskanzler"); Oberster Befehlshaber der Wehrmacht; *1938*: Übernahme des unmittelbaren Oberbefehls über die Wehrmacht unter Auflösung des Reichskriegsministeriums und Bildung eines Oberkommandos der Wehrmacht (OKW).

KEHRL, Hans
geb. 8.9.1900 Fabrikant; 1932 Vorsitzender der IHK für die Niederlausitz; 1933 Gauwirtschaftsberater der NSDAP; ab 1934 Mitarbeiter im Büro Keppler (Wirtschaftsbeauftragter Hitlers); 1936 Leiter des Textilreferats im Vierjahresplan; *1938*: Sonderreferent im RWM.

KROSIGK, Lutz Graf Schwerin von
geb. 22.8.1887, Jurist; 1920 Eintritt in das Reichsfinanzministerium; Regierungsrat; 1922 Oberregierungsrat; 1924 Ministerialrat; 1929 Miniterialdirektor und Abteilungsleiter; *seit 1933*: Reichsminister der Finanzen.

LUTZE, Viktor
geb. 28.12.1890; 1914 – 18 Offizier; ab 1919 als Kaufmann tätig; 1922 Eintritt in die NSDAP; 1923 SA-Mann; 1924 SA-Führer und stellv. Gauleiter im Ruhrgebiet; 1927 Gausturmführer; 1928 SA-Oberführer Ruhr; 1930 OSAF-Nord (Hannover); MdR; 1931 SA-Gruppenführer; *Seit 1933*: SA-Obergruppenführer; Oberpräsident der Provinz Hannover; Preußischer Staatsrat; *seit 1934*: Stabschef der SA (Reichsleiter).

MÜLLER, Heinrich
geb. 16.7.1900, Kriminalbeamter; seit 1919 bei der Politischen Polizei in München tätig; 1933 Kriminalinspektor; 1934 Kriminaloberinspektor; seit 1936 im Gestapa (HA II, Ref. Marxismus); seit 1937 im Hauptamt Sicherheitspolizei, Amt Politische Polizei; Kriminalrat; *1938*: Leiter der Abt. II des Gestapa (Allgemeine Politische Exekutive); SS-Standartenführer.

SCHIRACH, Baldur von
geb. 9.5.1907, NS-Schriftsteller; 1925 Eintritt in die NSDAP; 1929 – 32 Führer des Nationalsozialistischen Deutschen Studentenbundes (NSDStB); *seit 1931*: Reichsjugendführer der NSDAP (Reichsleiter); 1932 MdR; *seit 1933*: Jugendführer des Deutschen Reiches (Reichsbehörde); SA-Obergruppenführer.

SCHMEER, Rudolf
geb. 16.3.1905, Elektromonteur; 1926 Führer der NSDAP im Reg.Bez. Aachen; 1930 MdR; Preußischer Staatsrat; 1932 Stabsleiter des Landesinspekteurs West; 1933 Stellvertreter des Leiters der DAF und Leiter des Reichsschulungsamtes; 1935 Leiter der Zentralstelle für den Vierjahresplan der DAF; *1938*: Hauptabteilungsleiter im RWM (zuständig für Judenfragen).

STUCKART, Wilhelm
Dr.jur., geb. 16.11.1902, Jurist; 1922 Eintritt in die NSDAP; 1926 Rechtsberater der Partei in Wiesbaden; 1932 Organisator des Rechtsschutzes von SA und SS im Gau Pommern; dort Rechtsreferent der SA und Gauobmann des BNSDJ; 1933 Staatssekretär im Preußischen Kultusministerium; Preußischer Staatsrat; 1934 Staatsstekretär im Reichserziehungsministerium; *seit 1935*: Staatssekretär im RMdI.

THIERACK, Otto
Dr.jur., geb. 19.4.1889, Jurist; Offizier im I. Weltkrieg; 1921 Staatsanwalt; 1932 Eintritt in die NSDAP; Führer des NS-Rechtswahrerbundes; 1933 mit der Führung des sächsischen Justizministeriums beauftragt; Staatsminister der Justiz; 1934 Sonderbeauftragter des Reichsjustizministers; 1935 Vizepräsident des Reichsgerichts; SA-Standartenführer; *seit 1936*: Präsident des Volksgerichtshofes.

WOERMANN, Ernst
Dr., geb. 30.3.1888; Ministerialdirektor; 1936 Unterabteilungsleiter der politischen Abteilung des AA; 1937 Botschaftsrat in London; *seit 1938*: Unterstaatssekretär und Leiter der politischen Abteilung des AA; SS-Standartenführer.

WOLFF, Karl
geb. 13.5.1900; Offizier im I. Weltkrieg und im Freikorps Hessen; später im kaufmännischen Bereich tätig; 1931 Eintritt in die NSDAP und die SS; Sturmbannführer; 1933 – 1935 Chefadjutant Himmlers; *seit 1935*: Chef des SS-Hauptamtes „Persönlicher Stab Reichsführer SS"; SS-Brigadeführer; *seit 1936*: MdR; *seit 1937*: SS-Gruppenführer.

Personenregister